职业教育课程体系创新规划教材
决胜职业生涯系列读本

职业蓝图

第2版

主　编　黎嘉莉　唐铭培
参　编　何秀兰　黎杏玲　陈莉莉
苏　琳　林　勤　陈伟娜

机械工业出版社

本书从职业院校学生实际出发，通过设计层层递进、形式多样的教学内容，将枯燥乏味的职业生涯规划知识有机地融入学习任务和课堂游戏中去，引导学生尽早树立经营职业生涯的意识，帮助其认识自我、认识职业，学会职业决策，合理规划整个职业生涯，提高就业能力。

本书共有三个专题的学习内容，分别是探索职业生涯、设计职业生涯和调整职业规划，以撰写个人职业生涯规划书为考核内容，以便系统、有效地总结学生学习所得，评价教学效果。

本书可作为职业院校就业与创业指导课程的教材，也可供班主任开展班级教育之用，还可供学生自学使用。

图书在版编目（CIP）数据

职业蓝图/黎嘉莉，唐铭培主编．—2版．—北京：机械工业出版社，2019.8
职业教育课程体系创新规划教材．决胜职业生涯系列读本
ISBN 978-7-111-63307-5

Ⅰ．①职…　Ⅱ．①黎…②唐…　Ⅲ．①职业选择—职业教育—教材
Ⅳ．①G717.38

中国版本图书馆CIP数据核字（2019）第153635号

机械工业出版社（北京市百万庄大街22号　邮政编码100037）
策划编辑：宋　华　　　　　责任编辑：宋　华　刘益汛
责任校对：乔荣荣　陈　越　封面设计：马精明
责任印制：张　博
北京东方宝隆印刷有限公司印刷
2019年9月第2版第1次印刷
184mm×260mm・7印张・123千字
0 001—1 900册
标准书号：ISBN 978-7-111-63307-5
定价：32.00元

电话服务　　　　　　　　　　网络服务
客服电话：010-88361066　　机　工　官　网：www.cmpbook.com
010-88379833　　机　工　官　博：weibo.com/cmp1952
010-68326294　　金　书　网：www.golden-book.com
封底无防伪标均为盗版　　机工教育服务网：www.cmpedu.com

第2版前言

这本书，在于唤起学生直面竞争的斗志，树立经营自己职业生涯的意识。

这本书，在于引导学生分析自身的环境，进行个性职业发展规划。

这本书，在于鼓励学生百折不挠、持之以恒，书写职业生涯传奇。

美国成功大师安东尼·罗宾斯提出了一个成功的万能公式：成功=明确目标+详细计划+马上行动+检查修正+坚持到底。从这个公式中不难看出，想要成功首先必须有明确的目标和周详的计划。职业院校学生要成就梦想，就应该尽早树立经营自己职业生涯的意识，认识自我、认识职业、认识教育与职业的关系，学会职业决策；根据职业目标规划整个职业生涯并付诸行动，从知识、技能和综合素质方面打造自己的职业竞争力；行动过程中注意检查修正目标和措施，坚持到底，以百折不挠的勇气与实践去赢得职业生涯的成功。

本书根据职业院校学生实际，设计了层层递进的教学内容，将枯燥乏味的职业生涯规划理论知识有机融入各项任务和课堂游戏中去，寓教于乐，从亲身体验中得到启发，主动构建自己的知识体系，并以之指导行为，形成自己独特的方法技巧。最后，本书以撰写个人职业生涯规划书为考核内容，系统、有效地总结了学生学习所得，评价了教学效果。

本书由黎嘉莉、唐铭培任主编，参加编写的还有何秀兰、黎杏玲、陈莉莉、苏琳、林勤和陈伟娜。本书在编写过程中得到了相关领导、老师、同行的支持和指导，参阅了大量文献资料，吸纳了同类教材和有关论著的观点，在此一并表示感谢。

由于编者水平有限，书中难免存在疏漏之处，希望读者不吝赐教，提出宝贵意见，以便在以后的修订中日臻完善。

编　者

目　录

专题一

探索职业生涯

当你迈进职业院校的大门，意味着开启了职业生涯之路。
你梦想过未来的职业吗？你有清晰的目标吗？
正如出外旅游之前你会很自然地带上地图一样，
在职业生涯的开始，为什么不带一张"职业蓝图"呢？

项目一 指路明灯——探索职业生涯和树立职业理想

一、任务布置　二、…　三、…　四、…　五、…　六、…

情景一

他们的差别在哪里？

有一年，一群意气风发的天之骄子从美国哈佛大学毕业了，他们即将开始各自的职业生涯。他们的智力、学历和环境条件都相差无几。在临出校门时，哈佛对他们进行了一次关于人生目标的调查。结果是这样的：

27%的人，没有目标；60%的人，目标模糊；10%的人，有清晰但比较短期的目标；3%的人，有清晰而长远的目标。

在毕业后的25年间，哈佛对这群学生进行了跟踪调查。结果又是这样的：

3%的人，25年间他们朝着一个方向不懈努力，都成为社会各界的成功人士，其中不乏行业领袖或社会精英；

10%的人，他们的短期目标不断地实现，成为各个领域中的专业人士，大都生活在社会的中上层；

60%的人，他们安稳地生活与工作，但都没有什么特别成绩，几乎都生活在社会的中下层；

剩下27%的人，他们的生活没有目标，过得很不如意，并且常常在抱怨他人、抱怨社会以及抱怨这个“不肯给他们机会”的世界。

想一想，同是哈佛大学毕业的天之骄子，是什么造成如此大的差别呢？一个人的职业成功并不完全取决于智力、学历和环境，作为一名职业学校的学生，成功的关键是什么？25年后的你又会是怎样的呢？

新生活从选定方向开始

情景二

在非洲西撒哈拉沙漠里，有一个名叫比塞尔的小村庄。多年前，这里是一个不为人知、与世隔绝的小村落。当地人很少走出村庄，外面的人也很少来到这个村庄。后来，有一个叫肯·莱文的欧洲青年来到比塞尔，建议比塞尔人走出沙漠。当地一个叫阿古特尔的青年，年轻力壮，上进好学，在肯·莱文的建议下费尽周折，历经磨难，终于用三天走出了沙漠。在此之前，比塞尔人曾经多次试图走出沙漠，但每一次都绕回了原地。原来，比塞尔人没有使用任何导航工具，由于人两侧肌肉发达程度有差异，会在不知不觉中走出一个朝左拐的弧形，而且拐的幅度会越来越小，最后会像卷尺螺旋般回到原点。但阿古特尔凭着导航工具，明确方向，坚持不懈，最终找到了出路。此后，村里的人走出去，村外的人走进来，比塞尔成了一个远近闻名的旅游胜地。人们在村子中央的广场上设立了一个阿古特尔铜像，铜像的基座上刻着一句话：新生活从选定方向开始。

同学们，在自己的职业生涯中会不会也出现“兜圈子”的情况呢？如何避免？

知识目标：激发个人职业生涯规划的意识，理解职业理想的含义、特点和作用，树立远大的职业理想。

任务一

任务描述

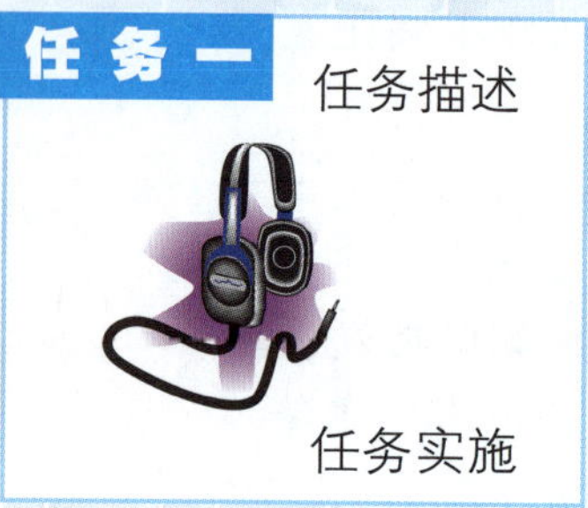

任务实施

生涯号列车，欢迎进站

这是一辆神奇的列车，它可以带着你回忆过去，畅想未来。孩童时的你纯真烂漫，如今的你满腔热忱，展望未来踌躇满志……属于你的生涯号列车正在驶来，欢迎进站！

踏上生涯号列车，奏响未来狂想曲，完成任务书Ⅰ。

任务书Ⅰ：《生涯号列车，欢迎进站》

第一站：过去时——懵懂的我

小时候，我的样子：

小时候，我的外号：

与小伙伴们玩角色扮演，我曾扮演过：

小时候，我的职业理想：

第二站：现在时——如今的我

爱好：

特长：

性格：

志向：

座右铭：

第三站：将来时——未来的我

几年后毕业了，走出校门之际，我对自己说：

毕业五年后，我的生活将会：

毕业十周年纪念日回母校看望老师，我对老师说：

人生奋斗三十年，从不枉过，在我的退休欢送会上，我发表感言：

理想导航，走向成功

任务二 任务描述

贯穿职业生涯始终的生涯号列车满载着同学们的热情，但生涯号列车将开往哪里呢？树立一个“理想”标杆，可以指引生涯号列车前进的方向。而坚定不移地朝着“理想”标杆的方向前进，最终将抵达成功的彼岸。

任务实施

观看《飞屋环游记》，感受理想的力量和意义，完成任务书Ⅱ。

任务书Ⅱ：《理想导航，走向成功》

任务	任务要求	任务实施
感受理想的力量和意义	Step1：观看《飞屋环游记》	《飞屋环游记》讲述了：
	Step2：分组讨论，并派代表分享感悟	《飞屋环游记》给我带来的感悟：
师生总结		

借鉴他人经历，初立职业理想

任务三 任务描述

著名寓言作家克雷洛夫曾作过一个精彩的比喻：“现实是此岸，理想是彼岸，中间隔着宽敞的河流。行动则是架在川上的桥梁。”叩开职业理想的大门，重要的是持之以恒的奋斗。同学们必须认识到实现职业理想的持久性和艰巨性，从眼前具体的事情做起，一步一个脚印，为实现职业理想而奋斗。本任务要求同学们分享一个身边熟悉的人（父母、兄姐或朋友等）的职业理想和现实情况。

任务实施

根据任务指引，完成任务书Ⅲ。

任务书Ⅲ：《借鉴他人经历，初立职业理想》

<table>
<tr><th>任务</th><th>任务指引</th><th>任务实施</th></tr>
<tr><td rowspan="3">分享一个身边熟悉的人（父母、兄姐或朋友等）的职业理想和现实情况，思考他做得到或做不到的原因，树立自己初步的职业理想。</td><td>Step1：独立思考，选定要进行分享的人以及他的职业理想和现实情况</td><td>人物：
他的职业理想：
目前他的现实情况：
为了实现职业理想，他做了：</td></tr>
<tr><td>Step2：选派几位同学在班上进行分享</td><td>摘录启发自己的内容：</td></tr>
<tr><td>Step3：树立自己初步的职业理想</td><td>我向往和追求的职业理想：
我希望在职业活动中获得这些成绩：</td></tr>
<tr><td colspan="2">师生总结</td><td></td></tr>
</table>

我的放大镜

知识点一：职业理想的含义

职业理想是人们在职业上依据社会要求和个人条件，借助想象而确立的奋斗目标，即个人渴望达到的职业境界。

职业理想是人们对未来所从事的职业的向往和追求。它包括两个方面：一是人们希望自己能选择一种理想的职业，找到一份理想的工作；二是希望自己在工作和职业活动中达到理想的境界，取得理想的成绩。

知识点二：职业理想的特点

1. 差异性

职业是多样性的，选择什么样的职业，与个人的思想品德、知识结构、能力水平、兴趣爱好等有很大的关系。思想品德以及人生观决定着职业理想的方向，知识结构、能力水平决定着职业理想的层次，兴趣爱好、气质性格等非智力因素以及性别特征、身体状况等生理特征也影响着职业理想的选择。因此，职业理想具有一定的个体差异性。

2. 发展性

职业理想的内容会因时因地因事的不同而变化。随着年龄的增长、社会阅历的增加和知识水平的提高，职业理想会由朦胧变得清晰，由幻想变得现实，由波动变得稳定。因此，职业理想具有一定的发展性。

3. 时代性

社会的分工、职业的变化是职业理想的决定因素。生产力发展的水平不同，社会实践的深度和广度的不同，人们追求的职业理想也会不同，因为职业理想是一定的生产方式及其所形成的职业地位、职业声望在一个人头脑中的反映。

知识点三：职业理想对个人发展的作用

1. 确定职业选择的方向

职业理想是职业选择的向导。在人生道路上，人们通过职业活动提高精神生活和物质生活水平，追求人生价值的实现，获得社会对自己的认同。因此，实现自己的职业理想，首先必须选择一个与之相适应的职业。职业理想是人们对未来职业的向往，一旦确立了明确、科学的职业理想，就应朝着实现这一职业理想的方向去选择职业。

2. 增强人生前进的动力

职业理想作为一种可能实现的奋斗目标，是人们实现事业成功的精神支柱和力量源泉。职业理想一经确立，人们就会为之付出孜孜不倦的努力，激发积极性和创造性的内驱力，凝聚无坚不摧的精神力量，并以坚定意志获取事业的成功。

3. 激励人生价值的实现

人生价值分为自我价值和社会价值两个层面。个人的生存、发展是个人适应社会、融入社会和改造社会的过程，是个人在推动经济、社会发展过程中的自我完善。无论从什么角度去体现人生价值，总要依托某一职业，因此对职业理想的追求，必然促使人生价值的实现。志不立，天下无可成之事。立志，是人生的起跑点，反映着一个人的理想、胸怀、情趣和价值观，影响着奋斗目标及个人成就。

知识点四：职业理想对社会发展的作用

1. 职业理想是社会进步的助推器

人不仅作为个体而存在，而且还是社会的一员。明确而崇高的职业理想在促使个人进步的同时，也对社会产生重大的影响。社会是在人们不断地追求和实现职业理想的奋斗过程中前进的。因此，崇高的职业理想是社会进步的助推器。学生作为未来社会发展的潜在动力，必须树立明确的职业理想，培养良好的职业道德，掌握从业的技能特长，以出色的工作、优质的产品和服务，为企业赢得效益，为社会做出贡献，成为企业、社会可持续发展的重要推动力量。

2. 职业理想是实现社会理想的基础

社会理想指人们对未来社会制度和政治、经济结构的追求、向往和想象，是对社会发展的希望和憧憬。人们对全面建设小康社会、构建和谐社会的追求，对共产主义的向往，这就是社会理想。

职业理想和社会理想相互影响，一方面，社会理想需通过具体的职业理想和职业活动而实现，因此，职业理想是实现社会理想的基础；另一方面，社会理想引导着人们在职业理想和职业活动中付出更多的努力，也就是说，社会理想影响和制约着职业理想。

知识点五：树立正确的职业理想

1. 了解自己

俗语说，知己知彼，百战不殆。思考自己的职业理想，必须从自身出发，在全面认识自己的基础上进行合理的定位。

2. 了解职业

并非所有的职业都适合自己，也并非自己能胜任所有的职业岗位。 每种职业都有与之相适应的能力要求。

3. 了解社会

职业的存在和发展与社会的需求是紧密联系的。了解社会的需求是成功择业与就业的关键。

4. 树立正确的人生观

不同的人生观会产生对人生的不同看法和不同态度，从而导致人们选择不同的人生道路。由此可见，持有不同人生观的人，其职业理想也一定不同。正确的人生观会产生正确的职业理想，错误的人生观则会产生错误的职业理想。因此，要根据时代和社会的发展要求，坚持以辩证唯物主义和历史唯物主义的立场、观点和方法看待人生，加强学习，不断提高自己的思想觉悟，提高自己的综合素质，完善自我，树立正确的价值观、苦乐观、幸福观和荣辱观，进而树立为人民服务的正确的人生观。

5. 树立正确的职业观

职业观是人们在选择职业与从事职业所持的基本观点和基本态度。职业观具有三个基本要素：一是维持生活，二是发展个性，三是承担社会责任。在三个基本要素中，哪一个要素占主导地位，将决定个人职业观的类型与层次。正确的职业观是把三个基本要素统一起来，以承担社会责任作为主导方向。

我的记事本

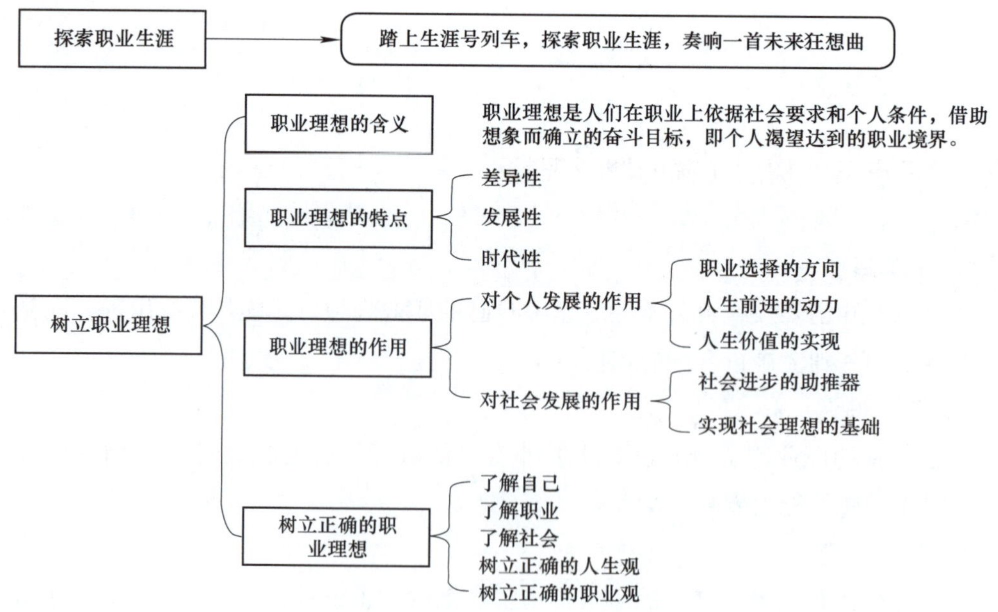

职业理想 ≠ 理想职业

大部分初入职场的人，心中都会充满对美好生活的向往，而当他们积极投入到现实中时，却发现理想往往会令人失望。我们身边有不少人每天都在为实现理想而努力，他们因理想而精彩，他们的理想为这个世界增添了积极的能量。可还有一些人，将生活和工作看得过于理想化，结果总是面临失望、挫折，甚至是消沉。当理想遭遇现实，应如何将“职业热忱”保持到底，是每一位职场人都应思考的问题。

兴趣VS职业：只能选其一？

爱莎是某时尚杂志的服装记者。她爱时尚、爱逛街，不少朋友都很羡慕她的职业，上班时翻阅时尚杂志是“最正经的活儿”。然而爱莎却有不同的想法：“刚开始接触这行时，的确感觉相当兴奋，每天上班心情都非常愉悦。可是时间长了，我开始感到困惑和不安。以前购物和翻看时尚杂志都属于兴趣和消遣，然而现在的目的和出发点却全是为了工作。你有过看一本时尚杂志看到想吐的感觉吗？没有了那种休闲的心情，眼睛光盯着别人的选题和排版，与兴趣再无关联。”如今她每次去服装店挑衣服都是为了模特，她说在工作之外，自己再也提不起兴趣去接触那些在别人看来“既兴奋又美好”的事了。

专家点评：

如果要在某领域做出成绩或出类拔萃，兴趣和职业是共存的，也是一致的，只有这样，才会在职业上投入更多精力。例如，一个核物理学家如果对数学、电磁学、光学等没有兴趣，是很难在该领域做出伟大成就的。然而当职业发展遇到瓶颈或挫折时，兴趣在现实面前可能会变得比较脆弱，这会让人对自己感兴趣的职业产生倦怠感，让人产生“兴趣和职业是否适合共存”的疑惑。

理想VS现实：何去何从？

小贝快毕业了，她就读于数学系。自小她就很喜欢数学，无论数学考试还是奥数比赛成绩都不错。但临近毕业，她却很苦恼：数学专业的招聘需求很少。她开始挖掘一些跟数学相关的职业：分析师、市场助理、货仓核算员……还是找不到十分吻合的。周围的同学们，有的准备求学深造；有的准备进学校当数学老师；更多的直接去找与数学毫不相关的职业……小贝现在很迷惘，马上要进入社会，还不知道找什么职业。有同学说，现在做医疗器械销售赚钱多，只要肯努力，比其他毕业生的收入都高，也有亲戚告诉她，当会计记账，工作会安稳些。如何选择职业呢？赚钱多些还是安稳一些？还是继续寻找和数学有关的职业呢？迷惘的小贝每日都备受煎熬。

专家点评：

如果条件允许，建议初入职场的毕业生选择自己感兴趣的职业，因为知识可以快速补充起来，而培养兴趣却需要漫长的时间，而且跟个人性格有关系。虽然理想与现实之间往往有很大的差距，但理想能让毕业生在纷扰的现实之中找到正确的前进方向。

细化的职业理想更易实现

职业理想建立在认识自己能力、设定合理目标的基础上，否则它将成为“海市蜃楼”，永远也无法达到。那什么样的职业理想才是适合的呢？要怎样设定自己的职业理想？

首先，认清现实。设定自己的职业理想时，要根据自己的能力和外部环境来综合确定，如果自身知识和技能都比较低，而且外部环境也不容许自己投入大量资金和时间时，不妨设一个较低的目标，一旦目标实现，对个人自信心的提升将很有帮助。

其次，设定多个阶段。职业理想要分多个阶段，例如，想成为公司独当一面的高层领导，就要为自己设定详尽的职位路线图，包括何时晋升为主管、经理、总监等。

最后，细化对理想的描述。把自己对职业理想的描述写下来，然后和现在的实际情况进行对照，看哪些是已经具备的，哪些是目前还不具备的，这样自己的目标将更加具体和集中。

你言我语

《任务完成评价表》

班级________ 组长________ 组员________

____年____月____日

今天，在课堂上 1. 我们新学了________________； 还未弄懂的地方是________________。
2. 我最感兴趣的地方是________________； 我表现最棒的地方是________________。
3. 在小组协作和讨论中，对小组贡献最大的同学是________________ ________________。
4. 老师和其他同学给我们的评语是________________； 我们今后需要改进的地方是________________。
5. 关于这部分内容，我们还有一些自己的想法，希望老师知道的是________________ ________________。

我思我想

曾经有位哲学家说过：“人生的目标要尽量定得高远。如果你想摘下星星，不可能最后只得到一把泥土。倘若你一直漫无目的地生活，最终很可能一无所有。如果不知道自己的目的地，选择哪条路都没有意义。成功的人都知道自己往哪里走，如何走。”说说你对这句话的理解。

____

____

职业电影推荐：《当幸福来敲门》

刚刚拿到毕业证的学生雄心勃勃，希望在事业上大显身手，可是求职碰壁渐渐磨灭了雄心壮志。比自己有学历、有能力、有经验的人多如牛毛，求职碰壁后怎么办？这时候，可以借鉴电影《当幸福来敲门》。影片取材于真实故事，男主角威尔·史密斯在濒临破产、穷困潦倒的情况下，涉足完全没有经验的股票交易领域，凭借坚毅与勤奋，赢得高层首肯，最终成为知名的金融投资家。这是一部遇到任何挫折和困难都可随时观看并有助于重拾自信心的电影。

十年后的名片

请同学们展开想象，设计自己“十年后的名片”。（温馨提示：名片应包括个人姓名、企业名称、个人职务、联系方式、企业地址等）

名片正面	名片背面

项目二 扬帆启航——认识职业生涯规划含义和意义

一、任务布置 二、… 三、… 四、… 五、… 六、…

情景一

职业生涯规划，从“早”做起

小清，是某职业学院电子信息技术专业2018届毕业生。在校成绩中等，专业获奖不多，但他的就业过程却一帆风顺，先后收到移动、电信、联通、邮政等大型国有企业的录用通知书。最终，小清选择签约中国移动通信集团有限公司广东分公司，成为同学们羡慕不已的“幸运儿”。小清为什么可以如此顺利地就业呢？

早在一年级时，小清就开始进行职业生涯规划，经过自我评估和环境评估后，把电信、移动、联通等通信方面的龙头企业作为就业目标。于是，他从大二开始关注电信、移动、联通等企业的招聘信息及要求，在学习专业课程之余，主动自学，补充企业所需相关知识，注重实践和动手能力的培养，积极主动到相关企业实习。此外，他随时关注通信行业的发展动态、企业文化等。毕业前夕，他通过多种渠道了解招聘流程、面试注意事项和面试技巧等，充分准备，通过笔试、面试并拿到多个企业的录用通知书。虽然就业形势严峻，但小清却充分掌握了就业主动权。最后，小清在权衡各方面因素之后，选择签约中国移动通信集团有限公司广东分公司。

小清这位“幸运儿”之所以幸运的理由在于什么？如何才能成为企业招聘的“抢手货”？

情景二

好的规划是成功的一半

小林在某职业技术学校学习商务日语专业毕业后，被劳务输出去了日本三年，在日本做蓝领工作。回国不久，她想成为一名光鲜的白领。她给自己制订了职业计划：找一家日资企业工作，以使自己在工作中用到日语，不计较薪水高低，在业余时间进修日语，考过日语能力考试。等日语读写都有一定水平后，更换一份日语翻译或办公室文员的工作，在工作中锻炼各方面的能力，熟悉日资企业的企业文化及管理理念。利用业余时间继续深造，考取成人行政管理专业本科学历，提升自身素质。等本科毕业后，在日资企业寻找总裁秘书或行政管理类的工作。

两年过去了，小林已经通过了日语能力考试，在一家日资企业做日语翻译，同时也考取了某著名大学的本科。已取得不错成绩的小林还将继续向着职业计划努力，现在的她充满了自信。

小林的案例给你什么启发？她为什么能成功？

知识目标：理解职业生涯规划的含义，认识到进行职业生涯规划的重要性。

任务一

任务描述

感受职业生涯规划的重要性

人的一生应该怎样度过？保尔·柯察金说：“当他回首往事时，不因虚度年华而悔恨，也不因碌碌无为而羞耻。”也有人说，过一天算一天，车到山前必有路！你是怎样想的呢？你是否开始认真地思考自己的人生？

任务实施

根据指引完成任务书Ⅰ，感受职业生涯规划的重要性。

任务书Ⅰ：《撕思人生》

每位同学手上都有一条白纸条，纸条的左端代表出生年龄，纸条的右端则表示预测死亡年龄，请跟着指令完成每一步：

① 在纸条适当的位置上标注出现在的年龄，并将这之前的部分撕下来；
② 在纸条适当的位置上标注出预计功成名就的年龄，并将这之后的部分撕下来；
③ 剩下的纸条请撕掉至少三分之一，代表日常休息睡眠占用的时间；
④ 在剩下的纸条上写上以后的人生中最迫切想要实现的三件事。

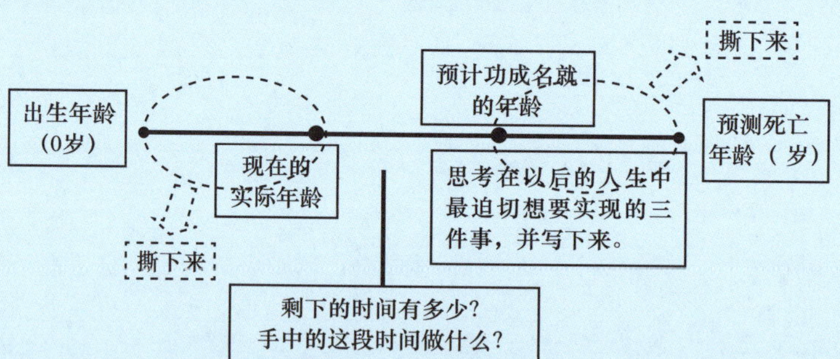

同学们，看一看剩下的时间有多少？手中的这段时间做什么？要在这有限的时间里完成人生中迫切想要实现的三件事，我们可支配的时间又有多少呢？请同学们来谈谈自己的感悟。

认识职业生涯规划的意义

任务二

任务描述

当同学们对自己的人生有所思考时，就已经开始规划职业生涯了。人生成功的秘密在于机会来临时，你已经准备好了！目前就业形势相当严峻，在迈入社会、走向职场前充分认识自我，做好人生的第一份职业生涯规划显得非常必要。

任务实施

分析案例，总结归纳出职业生涯规划的意义所在，完成任务书Ⅱ。

任务书Ⅱ：《认识职业生涯规划的意义》

<table>
<tr><th>任务</th><th>任务要求</th><th colspan="2">任务实施</th></tr>
<tr><td rowspan="3">认识职业生涯规划的意义</td><td rowspan="2">分析案例</td><td>案例一</td><td>冲出一事无成的阴霾</td></tr>
<tr><td colspan="2">将要大专毕业的小蔡面临着就业的困难。在校学习三年，他的专业学习成绩并不理想，性格软弱、多虑。班级活动时，他总是躲在角落静静地观察同学们的行动，默默地听着老师们和同学们的对话，从不发表言论。在同学们的眼中他注定是一个一事无成的人。走到了择业的十字路口，小蔡显得非常彷徨痛苦。就业指导老师发现了小蔡的心事，主动找到他，提议他先做一份职业生涯规划，试着从规划中发现自我，定准方向。在老师的引导下，小蔡在进行职业生涯规划时，对自我状况做了全面的分析，发现自己虽不善言辞却善于观察，虽犹豫多虑却心思缜密。发现了自己长处，小蔡显然有了信心。他四处调研，锁定自己适合从事的职业类型，了解相应岗位的要求，有针对性地向企业投递简历。经过反复面试，最后他被一家杂志社聘为文字校对员。</td></tr>
<tr><td>总结归纳</td><td colspan="2">☆ 想一想，小蔡成功就业的关键是什么？给了你什么启发？</td></tr>
</table>

（续）

<table>
<tr><th>任务</th><th>任务要求</th><th colspan="2">任务实施</th></tr>
<tr><td rowspan="8">认识职业生涯规划的意义</td><td rowspan="2">分析案例</td><td>案例二</td><td>小赵的苦恼</td></tr>
<tr><td colspan="2">小赵是2018届电子信息技术专业的毕业生，他的理想是做一名出色的网络工程师。怀着对未来的美好向往，他走上求职之路，然而个人目标和现实有不少的差距。后来他被推荐到某单位实习。工作难度不大却异常繁琐，如打字、复印、装订、分发文件、端茶递水等。不久，小赵觉得自己在实习单位只不过是“打杂”的，于是就与第一份工作说“再见”了。后来，小赵从网上和报纸上寻找自己感兴趣且待遇不错的工作，但招聘要求要么是要名牌大学的本科生甚至研究生，要么就是要求有两年工作经验，小赵感到非常苦恼。</td></tr>
<tr><td>归纳总结</td><td colspan="2">☆ 想一想，你能给小赵一些建议吗？个人目标和现实存在差距，如何从差距中找到前进的方向和动力？我们可以做些什么呢？</td></tr>
<tr><td rowspan="2">分析案例</td><td>案例三</td><td>小婷的失败经历</td></tr>
<tr><td colspan="2">小婷立志成为一名优秀的英语翻译，她对学习英语的兴趣十分浓厚，通过刻苦的学习锻炼，她掌握了一口流利的英语。大专毕业那年，她怀着对翻译工作的无限向往，凭着过硬的语言功底获得了某外企的面试机会。面试中，小婷在英语听、说、写各方面的表现都非常突出，经过重重考验，进入最后一轮面谈，面试官一针见血地发问：“你的理想是成为一名优秀的翻译员，你打算用多少时间去实现？如何实现？”小婷顿时答不上话。事实上，小婷只知道自己从小就对英语感兴趣，立志要成为优秀的翻译员，却没有真正地思考如何去实现。面试官对小婷可持续发展的能力产生了质疑，并建议小婷马上进行规划，运用科学的方法，采取可行的步骤与措施规划职业生涯。最后，小婷虽然失去了工作的机会，却上了人生重要的一课。</td></tr>
<tr><td>归纳总结</td><td colspan="2">☆ 谈一谈，小婷在这次失败的求职经历中学习到了什么？</td></tr>
</table>

搜寻成功人士的职业生涯轨迹

任务三 任务描述

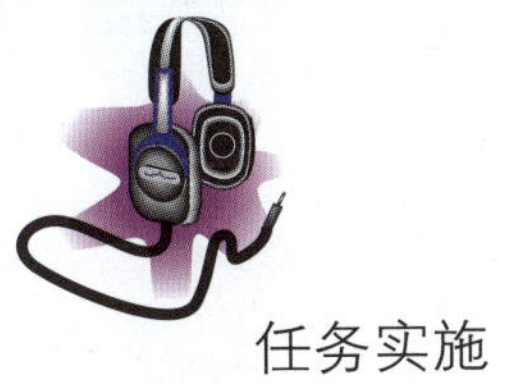

常言道，“榜样的力量是无穷的”。在成长的过程中树立好的榜样，相当于确立了一个目标，使人感到有压力、有动力、有方向、有方法。成功人士的职业生涯轨迹能提供许多经验与教训，在毕业生即将开始进行职业生涯规划之际，阅读他们的职业生涯轨迹，可以储积更多启航能量！

任务实施

搜寻一位成功人士的职业生涯轨迹，完成任务书Ⅲ。

任务书Ⅲ：《搜寻成功人士的职业生涯轨迹》

任务	任务指引	任务实施
搜寻一位成功人士的职业生涯轨迹，从中总结归纳出职业生涯成功的秘诀	Step1：搜寻一位成功人士的职业生涯轨迹，提炼其职业生涯中重要的节点和具代表性的事迹	人物： 他的职业生涯轨迹： →　→　→
		他的代表性事迹：
	Step2：选派几位同学在班上进行分享	摘录启发自己的内容：
师生总结		

我的放大镜

知识点一：职业生涯与职业生涯规划的含义

职业生涯就是一个人的职业经历，是指一个人一生中所有与职业相联系的行为与活动，以及相关的态度、价值观、愿望等连续性经历的过程，也是一个人一生中职业、职位的变迁及工作、理想的实现过程。简单说，职业生涯就是一个人终生的工作经历。一般可以认为，职业生涯开始于任职前的职业学习和培训，终止于退休。职业生涯是一个动态的过程，它并不局限于职业上成功与否，每个工作的人都有自己的职业生涯，我们选择什么职业作为我们的工作，这对每个人的重要性都是不言而喻的。

职业生涯规划（Career Planning），又称职业生涯设计，是指个人与组织相结合，在对一个人职业生涯的主客观条件进行测定、分析、总结的基础上，对自己的兴趣、爱好、能力、特点进行综合分析与权衡，结合时代特点，根据自己的职业倾向，确定其最佳的职业奋斗目标，并为实现这一目标做出行之有效的行动计划。简单地说，就是对一个人从开始工作到退休的整个职业历程进行持续的、系统的计划过程。职业生涯规划的目的绝不仅是帮助个人按照自己的资历条件找到一份合适的工作，实现个人目标，更重要的是帮助个人真正了解自己，定下事业大计，筹划未来，拟定一生的发展方向，根据主客观条件设计出合理可行的职业生涯发展方向。

知识点二：职业生涯规划的特性

良好的职业生涯规划应具备以下特性：

（1）可行性：职业生涯规划要有事实依据，并非是美好的幻想或不着边际的梦想，否则将会延误自己的职业生涯。

（2）适时性：职业生涯规划是预测未来的行动，确定将来的目标。因此，各项主要活动何时实施、何时完成，都应有时间和顺序上的妥善安排，以作为检查职业生涯规划完成情况的依据。

（3）适应性：职业生涯规划未来的职业生涯目标，牵涉到多种可变因素，因此职业生涯规划应有弹性，以增加其适应性。

（4）持续性：职业生涯规划的每个发展阶段都能持续、连贯与衔接。

知识点三：职业生涯规划的意义

（1）通过职业生涯规划，确立人生的方向，使自己的职业理想更科学、更有针对性和可行性。

（2）通过职业生涯规划，正确认识自身的个性特质、现有与潜在的资源优势，并与劣势进行对比分析，有助于扬长避短地发展自己。

（3）通过职业生涯规划，前瞻与实际相结合地对职业进行定位，搜索或发现新的或有潜力的职业机会。

（4）通过职业生涯规划，评估个人目标与现实之间的差距，明确前进的方向和动力，不断提升职业核心能力。

（5）通过职业生涯规划，学会如何运用科学的方法采取可行的步骤与措施，不断提升个人的核心竞争力，适应社会发展的需求。

我的记事本

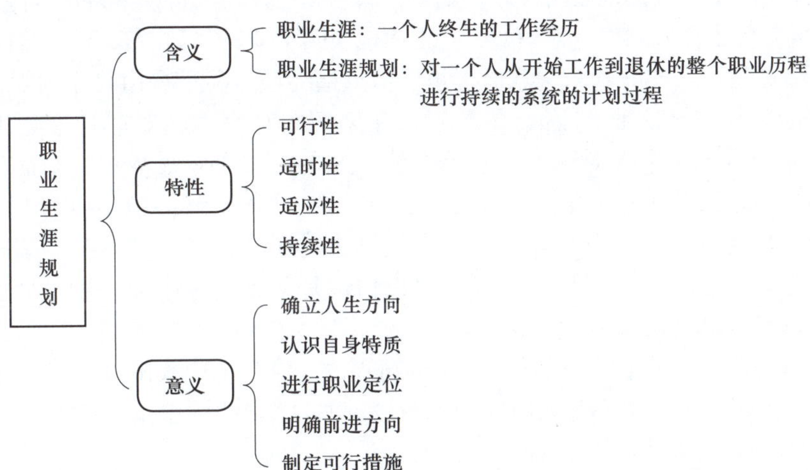

诸葛亮的“职业生涯规划”

东汉三国时期，群雄逐鹿，人才辈出。与绝大多数怀才不遇者的思维定势相反，长期隐居南阳草庐的诸葛亮一出山就投靠了当时势单力薄的刘备“集团”，并终生为其奔走效力。在为蜀汉做出杰出贡献的基础上，诸葛亮实现了个人事业的成功——这归根结底取决于诸葛亮近乎圆满的职业生涯规划。

首先，诸葛亮的个人职业发展定位非常清晰。诸葛亮自幼胸怀大志，始终以春秋战国时期两位著名的军事家——管仲、乐毅为个人楷模，立志要成为杰出的“谋略大师”，为光复汉室贡献力量。同时，诸葛亮非常清楚，自己长期积累的才干已具备实现职业目标的可能。

其次，从求职对象的选择上看：曹操已经统一了半个中国，实力雄厚，最有资格挑战全国统治权；孙权只求偏安自保；而势力最弱小的刘备却快速成长，具备与曹操、孙权三足鼎立乃至一统天下的可能性。

诸葛亮选择刘备的原因在于：第一，刘备始终坚持光复汉室的理想并在全国赢得了相当一批支持者——这与诸葛亮的个人价值观吻合；第二，刘备品性坚忍顽强，敢于与任何强大的敌人对抗；第三，刘备待人宽厚谦和，团队凝聚力超强；第四，刘备是汉朝皇族后裔，具备名正言顺继承“大统”的资格——以上条件恰恰是刘备最大的资源且其他诸侯很难模仿、替代。此外，还有一个非常重要的原因：赤壁之战前夕，曹操和孙权麾下都已人才济济、颇具规模，诸葛亮若去投奔，最多也只能成为一名“中层管理人员”；而刘备当时主要由一些武将辅佐，高级谋士奇缺，诸葛亮完全有可能被破格录用进入最高领导层。

再次，在求职准备和求职实施方面，诸葛亮更是做得登峰造极！

在个人推销方面，诸葛亮通过躬耕陇亩给外界留下踏实肯干的印象。同时，他还作了一篇《梁父吟》，含蓄地表明心志。此外，诸葛亮在外与人言谈中每每自比管仲、乐毅，一方面宣传了个人的卓越才华，另一方面也表明了他对“和谐双赢”的君臣关系的向往——诸葛亮个人才能和求职意向等重要信息最终通过各种渠道传递到刘备那里。

在求职临场发挥方面，诸葛亮与刘备在茅庐中私密谈话时，通过逻辑严谨的精彩表述充分展现了个人对军事、政治形势以及蜀汉未来发展战略的全面深入的思考，令刘备对这个27岁的年轻人大为叹服。此后，刘备始终待诸葛亮为上宾，全部重大决策都要与其共同协商探讨，甚至在临终之时还有托孤让位之举。诸葛亮也始终对刘备忠诚一心、鞠躬尽瘁。深厚的君臣情谊是刘备后来事业蓬勃发展，最终与曹操、孙权三足鼎立的重要因素。

诸葛亮是昔日乱世中的一个孤儿，若非正确的职业生涯规划助力，很可能就被淹没在历史的尘埃之中，永不为人所知！但积极进取且颇有思想的诸葛亮通过完美的职业生涯规划，彻底改变了自己的命运。

你言我语

《任务完成评价表》

班级________　组长________　组员________

____年____月____日

今天，在课堂上 1. 我们新学了________________________； 还未弄懂的地方是________________________。
2. 我最感兴趣的地方是________________________， 我表现最棒的地方是________________________，
3. 在小组协作和讨论中，对小组贡献最大的同学是________________________， ________________________。
4. 老师和其他同学给我们的评语是________________________， 我们今后需要改进的地方是________________________。
5. 关于这部分内容，我们还有一些自己的想法，希望老师知道的是________________________ ________________________。

我思我想

结合自身实际，说一说职业生涯规划最大的意义在哪里？

____

____

____

____

职业电影推荐：《叫我第一名》

影片叙述了患有妥瑞氏症的男孩努力实现成为老师的梦想，并且克服病症的故事。故事主人翁布莱德患有先天性的妥瑞氏症，这种严重的痉挛疾病，导致他不受控制地扭动脖子和发出奇怪的声音。而这种怪异的行为，更是让他从小不被周围的人理解，在学校里老师经常批评他，同学们更是对他冷嘲热讽。学校的校长发现了这点，在一次全校师生都在的场合里面，巧妙地让大家知道因为布莱德得了一种病，使他无法控制自己的行为。校长的一席教育，打开了布莱德通往全新世界的一扇门。从那时起，布莱德希望成为像校长那样爱孩子的老师。为此他不懈地努力着，遭遇了无数的失败和冷嘲热讽，最终实现了自己的梦想，同时找到了属于自己的爱情。

小凯的目标

每一次同学聚会上，小凯都喜欢讨论一个问题：将来的目标是什么？得到的答案总是不相同。下面记录的是小凯每次聚会谈及目标的原话：

18岁，高中毕业聚会上："我发誓要当李嘉诚第二！我要当中国首富！"

20岁，春节同学聚会上："我想创立自己的公司，30岁时拥有资产2000万元。"

23岁，在某工厂当技术员，第二职业是炒股："我准备离开这家工厂，因为在这里工作太没前途了。我将全力炒股，三年内用5万元炒到300万元。"

25岁，炒股失意而情场得意，开始准备结婚："我希望一年后能有10万元，让我风风光光地结婚。"

26岁，不太风光的结婚典礼上："我想生一个胖小子，不久的将来当个车间主任就行，别的不想了。"

28岁，所在的工厂效益下滑，偏偏正是妻子怀胎十月的时候："我希望这次下岗名单里千万不要有我的名字。"

想一想，小凯碌碌无为的原因在哪里？他是否对自己的职业生涯进行了合理的规划？请你给他一点建议。

项目三 描绘未来——了解职业生涯规划内容和原则

一、任务布置 二、… 三、… 四、… 五、… 六、…

情景一

清晰合理的职业生涯规划造就成功

王平立志做一名优秀的商人，考入大专时他并没有报读商贸专业，而是选择了专业性很强的汽车机电一体化专业。大专毕业后，他并不急于投身商海，而是通过成人高考考上了本科。出人意料的是，获得本科毕业证书后，他还是没有从事商业活动，而是通过努力应聘，获得了一家事业单位的工作机会。在事业单位工作五年后，他辞职去了私人企业。又过了两年，他开办了自己的汽车维修店。几年后，小店生意越做越大，服务口碑越来越好，盈利也越来越多。

王平谈及如今取得的成就，他认为应该感激当教师的外公，在外公的指导下，制订了一份重要的职业生涯规划。这个规划方案促使他成功。

王平的职业生涯规划脉络清晰，步骤合理，充分考虑了个人兴趣和个人素质，并着重培养职业技能，在坚持不懈的努力下，他的职业生涯规划终于变为现实。宋庆龄曾说过：“不管你预备走哪一条路，顶顶要紧的是先要为自己做好准备。你不能赤手空拳地开始你的行程，你必须用知识把自己武装起来，你必须锻炼出健壮的身体和足够的勇气。”这番话说的就是这个道理。

同学们，王平的事例给你带来什么启发？对规划我们的职业生涯有否帮助？

情景二

经历丰富却一事无成

小汪大学毕业后，遵照爸爸的愿望，选择了教师作为自己的职业。他的生活看上去充满了希望。然而，命运似乎有意捉弄他。小汪对学生是爱心有余而严厉不足，结果他很快就结束了教师生涯。但他并没有因此而灰心，依然信心十足。

不久后他成为了一名律师，准备为维护法律公正而努力。但他的性格似乎一点都不适合这一职业。他认为当事人是坏人，就会推掉上门来的生意；他认为当事人是好人，又会不计报酬地为之奔忙。这样的行事方式让他在律师界难以生存，小汪只好选择离去。

后来他成了一个清洁用品推销商，在谈判中总让对手大获其利，而自己只有吃亏的份。于是，他只好再改行。

这回他开办了自己的摩托车修理店，然而所在城市却开始全面"禁摩"，小店生意量大减而被迫关闭。

小汪79岁时去世。回顾他的职业生涯，可以说是一事无成。

小汪的工作历程十分丰富，为什么到最后还是一事无成？他的职业生涯规划出了什么问题呢？

知识目标：掌握职业生涯规划的内容，明确规划的原则，做好规划的准备。

寻找到达目的地的最佳方案

任务一

任务描述

现在要制订一次自费旅游的出行方案，目的地自行选择。请同学们分组讨论，结合组内实际情况，寻找到达目的地的最佳方案。制订方案后，与全班同学交流：组内是如何做决策的？都考虑了哪些因素？最后自学“职业生涯规划的内容”，尝试把出行方案的要点迁移到职业生涯规划上，帮助理解、把握职业生涯规划的要点，为做好自己的职业生涯规划打下基础。

任务实施

开展小组讨论，通过制订最佳出行方案，提出并把握职业生涯规划的要点，完成任务书Ⅰ。

任务书Ⅰ：《寻找到达目的地的最佳方案》

任务	任务要求	任务实施	决策要点
寻找到达目的地的最佳方案	分组讨论，制订出行方案，想一想制订方案时都考虑了哪些因素	目的地	想到达什么地方？ 希望得到什么收获？
		交通工具	有何种交通工具可供选择？ 依据自身条件可以选择何种交通工具？
		目标路线	出行的路线如何？ 出行路线是否是可行的、高效的、切实的？ 每一站的目标是否明确？
		行动计划	行动计划怎样实施？ 为确保计划顺利实施，如何进行自我管理？
		后备方案	可能遇到什么突发状况？ 应采取什么调整措施？
把握职业生涯规划的要点	自学“职业生涯规划的内容”，尝试把出行方案的要点迁移到职业生涯规划中	想到达什么地方？ —— （ ）	
		何种交通工具可供选择？ —— （ ）	
		以自身条件可以选择何种交通工具？ —— （ ）	
		出行的路线如何？ —— （ ）	
		行动计划怎样实施？ —— （ ）	
		可能遇到什么突发状况？应采取什么调整措施？ —— （ ）	
师生总结			

对比不同人的职业生涯规划

任务二 任务描述

世界上每个人有着不一样的性格、气质、能力、家庭、际遇……这对自身职业发展有着巨大的影响。个人因素本身并没有好与坏之分，只有很好地统筹规划，才能走向职业成功。同学们试试通过对比不同人的职业发展状况，归纳总结出职业生涯规划的方法和原则。

任务实施

对比电视人物的职业发展之路，思考职业生涯规划的方法与原则，完成任务书Ⅱ。

任务书Ⅱ：《对比不同人的职业生涯规划》

任务	任务要求	任务实施		
		人物	背景（性格、家境、能力）	职业发展状况
对比电视剧人物的职业发展之路，思考职业生涯规划的方法与原则	小组搜集并讨论电视剧《欢乐颂》五位主角的背景和职业发展状况	安迪		
		樊胜美		
		曲筱绡		
		关雎尔		
		邱莹莹		
师生总结				

我的放大镜

知识点一：职业生涯规划的内容

1. 确定职业志向

职业志向是事业成功的基本前提，是人生的起跑点。在进行职业生涯规划时，首先要确定职业志向，这是职业生涯规划的关键，也是最重要的一点。作为职业院校的学生，确定职业志向，应根据社会经济发展的趋势，用发展的、长远的眼光来指导自己择业，既照顾到自己的个性发展，又要适应社会需要。

2. 评估自身条件

评估自身条件应客观全面地审视自我、认识自我和了解自我，包括评估与了解自己的职业兴趣、能力结构、职业价值观、行为风格、优势与劣势等。每个人的职业特征就像一座冰山一样，展露的往往是冰山浮在海面上的部分，比如，学历、工作经验和工作技能，而海面之下的部分，却很难被直接察觉。这是一些连我们自己也并不十分了解的职业特征，如职业能力、个性特点、情商、价值观、思维方式等，这些特征决定了我们能否得到职业发展的机会、潜力和空间。从这个角度来讲，只有正确认识自己，才能趋利避害，为自己的职业志向做出最佳选择，使自己的职业生涯发展事半功倍。

3. 分析环境因素

在进行职业生涯规划时，我们不得不考虑多种环境因素对自己职业生涯发展的影响。因为我们每个人都生活在一定的环境中，成长和发展与环境息息相关。比如，立志从事某种职业，就必须了解该职业所在行业的情况及发展趋势如何、对从业人员的素质要求如何等。一般来说，需要进行分析的环境因素包括社会环境、行业环境、企业环境、家庭环境等。

4. 设定职业目标

问问自己想往哪方面发展，能往哪方面发展，如何发展？结合职业志向、自身条件和环境因素综合考虑后，设定职业目标。设定的职业目标具有三个特点。一是既有长远目标，也有短期的具体目标，只有一个个具体目标实现了，长远目标才有可能实现；二是目标应具有可行性，应该是结合主客观实际，通过努力就可以达到的目标；三是目标要有时间性，每个目标的实现都应该有一个明确的时间计划。

5. 部署行动计划

设定职业目标后，就要部署可行的行动计划。行动计划包括实现的时间、内容和方向等。比如说，为获得理想的职位，计划学习哪些知识，掌握哪些技能，用多少时间；为提升自己的竞争力，计划采取什么措施开发潜能等。行动计划都要逐一细化落实，做出安排。

6. 评估调整规划

俗话说："计划赶不上变化"。影响职业生涯规划与发展的因素扑朔迷离、变化莫测。在此状况下，要使职业生涯规划行之有效，就须不断地对职业生涯规划进行评估与调整。评估与调整的内容包括：职业的重新选择、职业路线的选择、职业目标的修正、实施措施与计划的变更等。

知识点二：职业生涯规划的原则

1. 择己所爱

从事一项喜爱的工作，工作本身就能给自己一种满足感，自己的职业生涯也会从此变得妙趣横生。进行职业生涯规划时务必从自己的兴趣出发，择己所爱。

2. 择己所长

职业不同，对技能的要求也不一样。任何职业都要求从业者掌握一定的技能，具备一定的条件，而且任何一种技能都是经过一定时间的训练后才能掌握的。然而人的一生中不可能将所有技能都全部掌握，所以在进行职业生涯规划时必须选择最有利于发挥自己优势的职业。

3. 择己所利

职业是个人谋生的手段，其目的在于追求幸福的生活。进行职业生涯规划时，首先要考虑自己的预期收益，在收入、社会地位与个人发展等方面找出一个最大值，实现幸福的最大化。

4. 择世所需

社会的需求不断演化着，旧的需求不断消失，新的需求不断产生。在进行职业生涯规划时，一定要分析社会需求，择世所需。

我的记事本

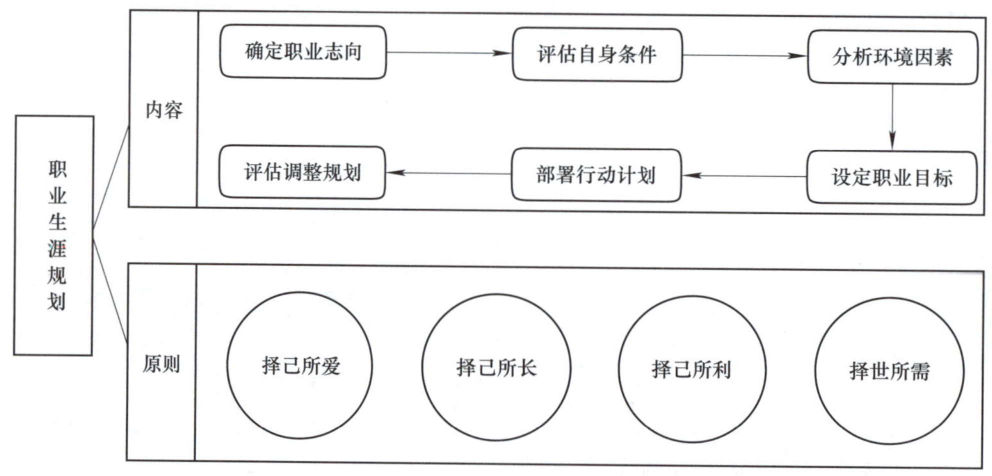

我的储蓄罐

避免职业生涯规划的误区

误区1：决定之后，绝对不能后悔

认识误区：既然选择了一个专业或职业就不能改变，否则一定会被别人看不起。

合理认识：作决定是有风险的，就像投资一样，没有稳赚不赔的。职业生涯规划中的决定可以进行调整。

误区2：我一定要马上决定

认识误区：迟迟无法决定是懦弱、不成熟的表现。别人都知道自己要做什么，只有我太差劲，我应该立即作决定。

合理认识：不快速作决定是可以接受的，与个人是否懦弱无关。只要能多了解自己，充实和储备人生资源，机会来到时，自然会做出最好的选择。

误区3：兴趣是万能的

认识误区：只要找到我的职业兴趣，我就一定能够成功。

合理认识：找到自己的职业兴趣，不见得一定能成功，但至少做起来快乐。如果有能力做好自己感兴趣的职业，将会使自己更成功。

职业兴趣和职业能力是两码事。如果有兴趣而无能力，则只会增加挫败感；如果无兴趣而有能力，则会缺乏满足感与喜悦感。因此，职业兴趣和职业能力要同时考虑，找到它们的共同点。

误区4：职业生涯规划没有必要

认识误区：船到桥头自然直。这世界变化太快，职业生涯规划只是一时的流行，很多事情既然无法预测，再规划也是枉然。

合理认识：职业生涯规划的目的不在于很快地找到自己的人生目标，很快地作决定，而在于对自我和环境的不断探索。通过探索，可以更多地了解自己和环境，以积极的态度面对人生，随时知时知势知己，自己才不会被淘汰。

误区5：平凡的人不用做职业生涯规划

认识误区：职业生涯规划只是属于想成功的人，我只想做个平凡人，用不着进行职业生涯规划。

合理认识：职业生涯规划的目的是突破障碍、激发潜能、实现自我。想得到的不一定做得到，想不到的一定做不到。不探索自己和环境的现状与未来，不积极准备人生，就有可能落后于时代，到时可能连平凡人都做不好了。

误区6：现在好好规划，以后就省事了

认识误区：现在趁着在校期间的空余时间多，多花些时间进行职业生涯规划，省得以后还要去做职业规划。

合理认识：由于时代在变，自我也在变，所以对环境及自我的探索是不可能一劳永逸的。职业生涯规划除了探索、抉择和行动之外，还有一个重要的环节，那就是反馈与调整。正确的职业生涯规划是盯紧短期目标，远望长期目标，在必要时及时调整中长期目标。

误区7：我现在很忙，没有时间去规划什么

认识误区：职业生涯规划肯定要花一些时间，而且要静下心来。我现在学习和工作很忙，没有时间去顾及它。

合理认识：随波逐流，被动生活也可能成功。就像砍树，不磨刀也可以砍树。但如果事先研究了树的纹理和结构，把刀磨好了，虽然是晚一步砍树，却可以更高效地完成任务。

做好职业生涯规划的准备

1. 认真学习，珍惜在校的美好光阴，努力提高自身综合能力

通过提高专业技术能力，有意识培养自己的职业适应能力、社会适应能力、组织管理能力，努力提高自身综合能力。

2. 丰富经历，积极参加社会实践活动和职业活动

通过参加社会实践活动和职业活动了解社会、了解职业、了解自己，找到自身素质与职业要求的差距，并通过实践，从而实现学生角色向职业角色的顺利转换。

3. 关注动态，适当调整职业发展方向

社会经济发展状况必然影响就业市场的供求变化，因此必须关注就业市场的变动趋势，注意具体的就业供求情况。

4. 调适心态，以乐观向上的态度正确择业

择业是人生中的一件大事，职业院校学生对自己将来从事何种职业一定抱有复杂的心态。但自卑、虚荣、嫉妒、从众、羞怯等心态会干扰正确择业，为此，学会调适心态十分必要。调适心态主要包括正确对待矛盾心态、抛弃消极情绪等方面。

你言我语

《任务完成评价表》

班级______　组长______　组员______

___年___月___日

今天，在课堂上 1. 我们新学了________________； 还未弄懂的地方是________________。
2. 我最感兴趣的地方是________________； 我表现最棒的地方是________________。
3. 在小组协作和讨论中，对小组贡献最大的同学是________________ ________________。
4. 老师和其他同学给我们的评语是________________； 我们今后需要改进的地方是________________。
5. 关于这部分内容，我们还有一些自己的想法，希望老师知道的是________________ ________________。

我思我想

回顾《经历丰富却一事无成》中小汪的故事，你能运用本课所学知识谈谈小汪的问题出在哪里吗？该如何避免？

____

____

____

____

职业电影推荐：《跳出我天地》

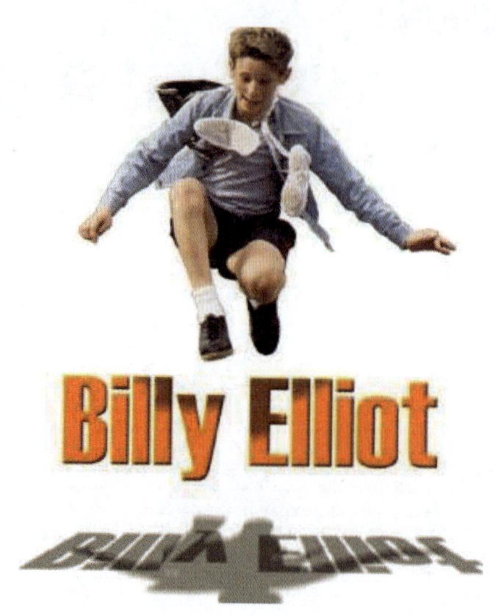

比利出生于英国的一个煤矿工人的家庭，父母在贫困的生活中挣扎，认为比利应该学些拳术。比利本来每周都去一次拳击班，偶然的机会却让他走上了不一样的路途。因为一个小意外，比利发现了自己在潜意识中对芭蕾的热爱，而芭蕾老师威尔金森夫人无意中发现了比利极具芭蕾天赋。二人一拍即合，威尔金森夫人甚至放弃其他的女学生，把全部心思放在培养小比利上。可是比利的家庭全然不理解比利为何爱上芭蕾。比利在家庭的反对下，面临痛苦的抉择。

然而大好机会就在当前。万一考上伦敦的皇家芭蕾学校，比利的芭蕾梦想将得到一个广阔舞台。比利站在一个十字路口，选择着他的人生……

职业生涯规划的环节

想一想，一个完整的职业生涯规划应该包括哪些环节？每个环节的作用何在？

有位哲学家曾说过：人生的目标要尽量定得高远。如果你想摘下星星，不可能最后只得到一把泥土。倘若你一直漫无目的地生活，最终很可能一无所有。如果不知道自己的目的地，选择哪条路都没有意义。成功的人都知道自己往哪里走、如何走。

专题二
设计职业生涯

我是谁？

我从哪里来？

我要到哪里去？

茫茫的职业生涯，如果没有规划，目标不清晰，就好像在漆黑的深夜里前行。

准备好了吗？让我们开始设计自己的职业生涯。

项目一　知己知彼——自我评估与环境评估

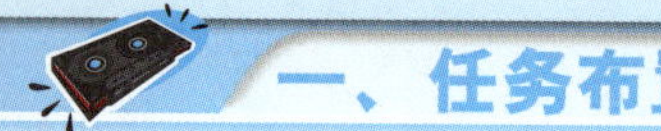

情景一

一个关于成功的寓言故事

森林学校里有小鸡、小鸭、小鸟、小兔、小山羊、小松鼠等，学校为它们开设了唱歌、跳舞、跑步、爬山和游泳5门课程。第一天上跑步课，小兔兴奋地在体育场跑了一个来回，并自豪地说："我能做好我天生就喜欢做的事！"而看看其他小动物，有噘着嘴的，有沉着脸的。放学后，小兔回到家对妈妈说："这个学校真棒！我太喜欢了。"第二天一大早，小兔蹦蹦跳跳来到学校，上课时老师宣布：今天上游泳课。只见小鸭兴奋地一下跳进了水里，而天生怕水、不会游泳的小兔傻了眼，其他小动物也没了办法。接下来，第三天是唱歌课，第四天是爬山课……学校里每一天的课程，小动物们总有喜欢的和不喜欢的。

显然，要成功，小兔子就应跑步，小鸭子就该游泳，小松鼠就得爬树。成功心理学的理论告诉我们，判断一个人能否成功，最主要看他能否最大限度地发挥了自己的优势。

诺贝尔奖获得者无疑是取得杰出成就的人士，总结其成功之道，除了超凡的智力与努力之外，善于职业生涯设计也是十分重要的。他们都把握住了职业生涯设计的关键点，想一想，职业生涯设计的关键点是什么？

情景二

小涵的"茶韵人生"

小涵出生在杭州，学的是茶艺专业。在校时，她潜心钻研茶文化，苦练茶艺，经过不懈努力，她考取了中级茶艺师证书。

毕业后，她在一家茶馆当茶艺师，每天为嗜茶的老茶客服务，向酷爱品茶的亲朋好友请教，与和她一样成了茶艺师的同学交流，不但进一步丰富了茶叶知识，更深地领悟到茶文化的内涵，也使职业素养和茶艺表演水平有了质的飞跃。

小涵看到，盛产名茶的杭州不但有悠久的饮茶历史，以茶会友已渐渐成为当地人的休闲生活方式，而且四面八方来的中外游客也要在杭州品茶，茶产业在杭州有非常广阔的发展前景。在她考取了高级茶艺师证书以后，与同学合作，在西湖西南的大慈山麓开了一家茶艺室，以闻名于世的"龙井茶叶虎跑水"招揽茶客。许多游客慕名来欣赏她的茶艺表演，人气旺，生意火。

小涵事业成功的关键是什么?

知识目标： 通过完成任务，掌握自我评估和环境评估的方法，并对自身情况与所处环境进行全面、有效的评估。

“知己”篇

唤醒沉睡的自我

任务一

任务描述

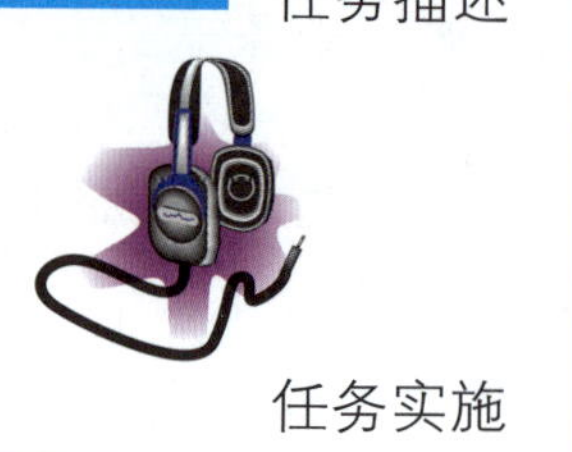

你觉得自己是一个怎样的人？你知道在他人的眼中你是一个怎样的人吗？也许以前不曾想过这些问题，但是，在开始规划职业生涯的今天，必须唤醒沉睡中的自己，擦亮眼睛，重新认识自己。

任务实施

开展“寻人启事”“按图索骥”和“以人为镜”游戏，强化对自己的认识，完成任务书Ⅰ。

任务书Ⅰ：《唤醒沉睡的自我》

任务	任务要求	任务实施	
寻人启事	挖掘自己的特点	根据自己的特点，设计一份“寻人启事”，要凸显自己的独特之处（**可另附纸，完成后粘贴到任务书上**）	寻人启事 ______ ______ ______ ______ ______
按图索骥	检验同学眼中的“我”是否和自己认识的相符	把“寻人启事”收上来，随意抽出三张“寻人启事”并念出，同学们猜这是谁，如果猜不出，最后本人站起来认领	序号 | 要寻找的人 | 我是否猜到 | 为什么（空表，3行）
以人为镜	认识他人眼中的自己	每四人分成一个小组，每人写出组内其他成员的优点和特点，然后把评价对号发给本人，并讨论自己是否认可他人的评价及不认可的方面和原因	序号 | 组员 | 我眼中的他（她）（空表，3行） 他人眼中的我：

任务二 任务描述

任务实施

找到潜在的职业兴趣点

兴趣是个人成才的动力和基础，一个人的职业兴趣对其选择专业或职业起着至关重要的作用。因此，清楚自己的职业兴趣有助于找到真正适合自己的职业。

根据指引，完成霍兰德职业兴趣测试，填写任务书Ⅱ。

任务书Ⅱ：《找到潜在的职业兴趣点》

任务	任务要求	任务实施
找到潜在的职业兴趣点	Step1：根据指引完成霍兰德职业兴趣测试	霍兰德职业兴趣测试见附录
	Step2：记录职业兴趣类型	我的职业人格类型结果： A艺术　S社会　E企业　C传统　R现实　I研究　(10, 8, 6, 4, 2) 我的职业兴趣类型： 适合从事的职业有：

“知彼”篇

任务三

任务描述

任务实施

走进“我们这一家”

人在成长的过程中，家庭的影响和支持非常重要。因此，同学们在做职业生涯规划时，不可忽视家庭的因素，而应对自身的家庭环境进行分析。分析家庭环境时，应考虑家庭的经济状况、家人期望、家族文化等因素对本人的影响。

分析每个家庭成员的职业发展情况，及其对自己职业选择的影响，完成任务书Ⅲ。

任务书Ⅲ：《走进“我们这一家”》

<table>
<tr><th>任务</th><th>任务要求</th><th colspan="4">任务实施</th></tr>
<tr><td rowspan="10">走进“我们这一家”</td><td rowspan="10">分析每个家庭成员的职业发展情况，及其对自己职业选择的影响</td><td>家庭成员</td><td>从事的工作</td><td>理想的职业</td><td>对自己职业选择的影响</td></tr>
<tr><td>爸爸</td><td></td><td></td><td></td></tr>
<tr><td>妈妈</td><td></td><td></td><td></td></tr>
<tr><td>爷爷</td><td></td><td></td><td></td></tr>
<tr><td>奶奶</td><td></td><td></td><td></td></tr>
<tr><td>外公</td><td></td><td></td><td></td></tr>
<tr><td>外婆</td><td></td><td></td><td></td></tr>
<tr><td>哥哥</td><td></td><td></td><td></td></tr>
<tr><td>姐姐</td><td></td><td></td><td></td></tr>
<tr><td colspan="4">☆ 家庭因素对我进行职业生涯规划影响最大的是哪些方面？
____
____
____
____
____________________</td></tr>
</table>

任务四 任务描述

走进目标企业

深入了解目标企业的情况，有助于更好地考虑个人与企业的匹配程度、对工作的胜任程度等，从而提高入职后的满意度、幸福感和稳定性。进行职业生涯规划时，若缺乏对企业环境的了解和分析，可能会导致入职后的一系列不适应，甚至离职。因此，同学们要走进目标企业，分析企业环境。

任务实施

选择一个你希望成功应聘的目标企业，运用5W1H分析法对企业环境进行分析，完成任务书Ⅳ。

任务书Ⅳ：《走进目标企业》

任务	任务要求	任务实施
走进目标企业	选择一个你希望成功应聘的目标企业，用5W1H分析法对企业环境进行分析	1. What?（对象） 你的目标企业：＿＿＿＿ 属于什么行业类别？＿＿＿＿ 属于那种单位类型？ □国家机关 □事业单位 □国企 □外企 □私企 □其他 在行业内的地位如何？＿＿＿＿ 它的产品服务范围是什么？＿＿＿＿ 你希望应聘哪一个岗位？＿＿＿＿ 这个岗位的工作内容是什么？＿＿＿＿ 2. Why?（目的） 选择这家企业的原因何在？ ＿＿＿＿ 选择这个岗位的原因何在？ ＿＿＿＿ 3. Where?（地点） 这家企业在什么地方？交通是否方便？ ＿＿＿＿ 4. When?（时间） 工作时间是多少？作息时间是怎样安排的？ ＿＿＿＿ 5. Who?（人员） 将与哪些人成为同事？素质如何？ ＿＿＿＿ 你的服务对象是谁？将和怎样的客户打交道？ ＿＿＿＿ 6. How?（方法） 需要运用哪些专业技能和方法去完成工作任务？你能否胜任？ ＿＿＿＿

我的放大镜

知识点一：自我评估

自我评估是职业规划的第一步，通过分析职业兴趣、职业能力、职业价值观、性格等个人信息，帮助求职者做出明智的职业选择。

1. 职业兴趣

职业兴趣是指人们对某种职业活动具有的比较稳定而持久的心理倾向，它使个人对某种职业给予优先的注意，并具有向往的情感。由于兴趣爱好不同，人的职业兴趣也有很大的差异。职业兴趣是可以培养的，它的类型大致可以分为实用型、研究型、艺术型、企业型、事务型和社会型。

2. 职业能力

能力，往往是评价一个人的重要标准。能力直接影响活动效率，是使活动顺利完成的个性心理特征。而职业能力则是人们从事某种职业的多种能力的综合。

每种职业都有与之相适应的职业能力要求。除了具备观察、思维、表达、操作、 公关等一般能力之外，一些特殊职业还有特殊的能力要求。例如对于会计、出纳员、统计师、建筑师、工业药剂师等职业来说，从业人员必须具备很强的计算能力；建筑师、工程师、牙科医生、内外科医生等职业，对空间判断能力的要求较高；对于图形的阴暗、线的宽度和长度能做出视觉上的区别和比较的人，就能够从事美术装潢、电器修理、动植物检疫等工作。因此，根据职业有选择性地、有针对性地培养自己的能力，主动去适应并接受职业岗位的挑战是十分重要的。

3. 职业价值观

职业价值观指人生目标和人生态度在职业选择方面的具体表现，也是一个人对职业的认识和态度，以及他对职业目标的追求和向往。哪个职业好？哪个岗位适合自己？从事某一项具体工作的目的是什么？这些问题都是职业价值观的具体表现。

为了实现职业理想，个人的职业价值观，必须从实际出发，经常反思并及时调整使之符合实际，让自己经常处于心情舒畅、精神焕发的心境之中。

4. 性格

性格是一个人在对待客观事物和社会行为方式中所表现出来的比较稳定的心理特征，主要体现在对自己、对别人、对事物的态度和所采取的言行上。性格分为外向型、内向型和中间型三种，存在可塑性。

性格对职业的选择有影响，不同的性格适合从事不同的职业，同样，不同的职业也要求从业者具有与之相适应的职业性格。

知识点二：职业环境评估

职业环境是某职业在社会大环境中的现实状况、市场需求、社会地位、经济地位、未来发展趋势等。职业环境评估一般从四个维度着手：家庭环境、企业环境、行业环境和社会环境。

1. 家庭环境

任何人的性格和品质的形成都离不开家庭环境的影响，在进行职业生涯规划时，考虑更多的是家庭的经济状况、家人期望、家族文化等因素对个人的影响。

2. 企业环境

企业环境一般包括企业类型、企业文化、发展前景、发展阶段、产品服务、员工素质、工作氛围等。进行职业规划时，要先确定自己适合什么样的企业环境，从而根据自己的需求，找到真正适合自己的企业。

3. 行业环境

行业环境分析的主体是目前所从事的行业和将来期望从事的目标行业。行业环境分析内容包括行业的发展状况、国际国内重大事件对行业的影响、目前行业优势与问题、行业发展趋势等。

4. 社会环境

社会环境一般包括目标职业的社会需求量、竞争状况、发展趋势等。进行职业的社会环境分析时，首先，要了解目标职业的社会需求量，有的职业有很高的社会名望，但人才需求量很少；有的职业不为多数人看好，但有发展前途，且人才需求量较多。其次，要考虑目标职业的竞争状况，在其他条件一定的情况下，竞争越大，就业的概率越小。社会地位高、工作条件好、工资待遇优的职业，应聘的人数多，相应的竞争就较大。最后，要关心目标职业的发展趋势，有些职业一时人才需求量多，竞争激烈，但随着社会的发展将日趋衰落；有些职业暂时处于冷落状况，但随着社会的发展会日益兴旺。

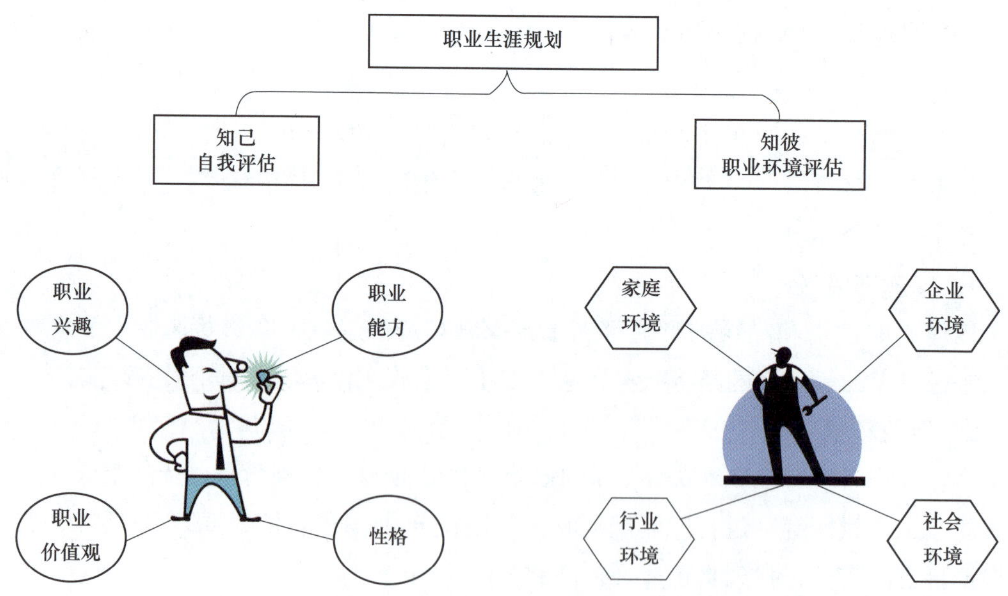

有助于进行个人职业生涯规划的网站

中华人民共和国人力资源和社会保障部：http://www.mohrss.gov.cn

中国就业网：http://www.chinajob.gov.cn

广东省人力资源和社会保障厅：http://www.gdhrss.gov.cn

广东省技工教育在线：http://gdrst.gdhrss.gov.cn/publicfiles/business/htmlfiles/jgjyzx/zsxx/list.html

广州市人力资源和社会保障局：http://www.hrssgz.gov.cn

中国职业生涯网（职涯网）：http://www.zhiyeguihua.com

你言我语

《任务完成评价表》

班级________ 组长________ 组员________

____年____月____日

今天，在课堂上 1. 我们新学了________________________________； 还未弄懂的地方是________________________________。
2. 我最感兴趣的地方是________________________________； 我表现最棒的地方是________________________________。
3. 在小组协作和讨论中，对小组贡献最大的同学是________________________________ ________________________________。
4. 老师和其他同学给我们的评语是________________________________； 我们今后需要改进的地方是________________________________。
5. 关于这部分内容，我们还有一些自己的想法，希望老师知道的是________________ ________________________________。

我思我想

19世纪末，一个男孩降生于布拉格一个贫穷的犹太人家里。随着男孩一天天长大，人们发现他虽生为男儿身，却没有半点男子汉气概。他的性格不仅十分内向、懦弱，也非常敏感多虑，防范和躲避的心理在他心中可谓根深蒂固。男孩的父亲竭力想把他培养成一个标准的男子汉。在父亲严厉的培养下，他的性格不但没有变得刚烈勇敢，反而更加懦弱自卑。他在惶惑痛苦中长大，整天都在察言观色，小心翼翼地猜度着会有什么样的伤害落到他的身上。这样的孩子，似乎太没有出息了。能让他去当兵、冲锋陷阵吗？不可能，部队还没有开拔，他也许就已当逃兵了。能让他去做律师吗？懦弱、内向的他怎么可能在法庭上像斗鸡似的竖起雄冠来呢？能让他做医生吗？他不能果断行事，也许会使很多生命在他的犹豫顾虑中丧失。

具有懦弱、内向的性格确实是一场人生的“悲剧”，即使想要改变也改变不了。然而你能想象这个男孩后来的命运吗？

这个男孩后来成了世界上最伟大的文学家，他就是卡夫卡。

懦弱、内向的卡夫卡为什么会成为世界上最伟大的文学家呢？谈谈你的想法。

职业电影推荐：《中国合伙人》

20世纪80年代，三个怀有热情和梦想的年轻人在大学相遇，从此展开了他们长达三十年的梦想征途。出生于留学世家的孟晓骏渴望站在美国的土地上改变世界，浪漫自由的王阳尽情享受改革开放初期那蓬勃激昂的青春气息，曾两次高考落榜的农村青年成东青以孟晓骏为目标努力求学。然而三个好友最终只有孟晓骏获得美国签证，现实和梦想的巨大差距让成东青和王阳备受打击。偶然机缘，成东青在王阳的帮助下办起了“新梦想”英语培训学校，在美国发展不顺的孟晓骏回国，也加入学校的创办，无疑推动三个好友朝着梦想迈进了一大步。“新梦想”不断扩大规模，在功成名就之际，三人的友情却经历了重重考验……最后他们会梦想成真吗？

未来发展趋势良好的五大行业

俗语说，“三百六十行，行行出状元”，这句话表明社会上存在多种的行业，每个行业都会出现很多优秀人才。同学们了解各行业的信息吗？请同学们通过查阅书籍、杂志、网络等途径收集自己认为未来发展趋势良好的五大行业，并通过摆事实、找数据说明原因。

项目二 有的放矢——确立目标与选择路线

一、任务布置 二、… 三、… 四、… 五、… 六、…

情景一

如果没有目标，人生将会怎样？

我们的人生如果没有目标，会出现怎样的情况呢？

1952年7月4日清晨，加利福尼亚海岸笼罩在浓雾中。在海岩以西21英里的卡塔林纳岛上，一个34岁的女人涉水进入太平洋，开始向加州海岸游去。若能成功，她就是第一个游过这个海峡的女性。这名妇女叫费罗伦丝·查德威克。在此之前，她是从英法两边海岸游过英吉利海峡的第一名女性。

那天早晨，海水冻得她身体发麻，雾很大，连护送她的船都几乎看不到。时间一点一点地过去，千千万万人在电视上注视着她。有几次鲨鱼靠近了她，被人开枪吓跑。她仍然在游。在以往类似的渡海游泳中她的最大问题不是疲劳，而是刺骨的水温。

15个小时之后，她被冰冷的海水冻得浑身发麻。她知道自己不能再游了，就叫人拉她上船。她的母亲和教练在船上。他们告诉她海岸线很近了，叫她不要放弃。但她朝加州海岸望去，除了浓雾什么也看不到。几十分钟之后——从出发算起15个小时55分钟之后——人们把她拉上了船。又过了几个小时，她渐渐觉得暖和多了，这时却开始感到失败的打击。她不加思索地对记者说："我不是为自己找借口。如果当时我看见海岸，也许就能坚持下来。"人们拉她上船的地点，离加州海岸只有半英里！

后来她说，真正令她半途而废的不是疲劳，也不是寒冷，而是在浓雾中看不到目标。查德威克小姐一生中只有这一次没有坚持到底。两个月之后，她成功地游过了同一个海峡。她不但成为了第一位游过卡塔林纳海峡的女性，而且比男子的纪录还快了大约两个小时。

查德威克小姐第一次失败的原因是什么？为什么第二次成功了？

情景二

小江的选择

小江是某技工学校计算机应用技术专业的毕业生。在校学习期间，他曾代表学校参加省、市技能竞赛，并获得不错的成绩。毕业时，姐姐有意让小江到一家较知名的服装公司做管理人员，该职位不但报酬高，还可以朝管理方向发展。可是，小江觉得自己不善言辞，不适合从事组织管理工作，而且自己学习的是计算机应用技术专业，缺乏对服装行业的认识。最终小江选择到一家不知名的计算机公司当计算机维修员，并下决心要成为高级技师。

选择了自己喜欢的工作，小江更有动力了。他努力工作，刻苦钻研，不到一年时间便成了公司的“电脑达人”。通过两年工作实践，小江成了公司里首屈一指的技师。

回顾自己当初的选择，小江庆幸自己没有选错。现在的他正在向着高级技师的目标进发，并开始思考自己怎么才能在行业里走得更好、更远。

小江成功的关键在哪里？

____

____

____

____

____

____

____

____

____

____

____

知识目标： 了解职业生涯目标的构成，确定职业生涯目标，并学会选择适合自己的发展路线。

任务一

任务描述

你追求的是什么

职场有句名言：今天站在哪里不重要，但下一步迈向何方却很重要，茫茫职业生涯，方向究竟在哪里？你追求的是什么？

任务实施

根据指引认真思考下列问题，完成任务书Ⅰ。

任务书Ⅰ：《你追求的是什么》

任务	任务要求	任务实施
了解自己的追求	根据指引认真思考，回答问题	① 你有何才能？ 选出你的三种最重要的才能，用一个词来表达。（如记忆力、责任心等） ⬠ ⬠ ⬠ ② 你愿意为什么事情一展才华并为之付出更多精力的？ （如我意愿花更多精力去引导他人学习新知识。） 我愿意花更多精力去＿＿＿＿ ③ 你觉得在什么环境中最能发挥自己的才华？ （如我觉得与别人辩论事情时最能发挥我的才华。） 我觉得在＿＿＿＿的时候（或环境中），最能发挥我的才华。 ▲现在，请把上述问题的答案列出来，按下面的规则组成一个完整的句子。 我追求的是利用我的⬠、⬠、⬠在＿＿＿＿的时候（或环境中），去＿＿＿＿。 （如我追求的是利用我的记忆力和责任心在与别人辩论事情时引导他们学习新知识。） 我的追求：
师生总结		

任务二 任务描述

任务实施

确立职业生涯发展目标

人要有理想，也要有职场奋斗目标。了解自己想追求什么以后，请同学们确立合理可行的职业生涯发展目标，并将目标分解成长期、中期和短期目标。

自学职业生涯发展目标的含义、构成和设定原则等相关内容，独立思考，确立个人的职业生涯发展目标，确立目标后与小组成员交流，互相学习，互提建议。完成任务书Ⅱ。

任务书Ⅱ：《确立职业生涯发展目标》

任务	任务要求	任务实施
确立职业生涯发展目标	Step1：独立思考，确立个人的职业生涯发展目标	我的职业生涯发展目标图 时间 长期目标 中期目标 短期目标 阶段
	Step2：小组成员交流，互相学习，互提建议	同学们给我的建议有： 我的收获：
师生总结		

任务三 任务描述

选定职业生涯发展路线

职业生涯发展路线选择是人生发展的重要环节之一，对人的一生有着重要影响。个人往往要经过一番努力才能找到适合自己的发展路线。请同学们大胆预测、认真思考、全面衡量，选定自己的职业生涯发展路线。

任务实施

自学选定职业生涯发展路线的相关内容，开始摸索自己的职业生涯发展路线。完成任务书Ⅲ。

任务书Ⅲ：《选定职业生涯发展路线》

任务	任务要求	任务实施
选定职业生涯发展路线	大胆预测、认真思考、全面衡量，在右图中描出选定的职业生涯发展路线，并在相应年龄段填上计划达到的等级水平	职业生涯发展路线大致可以分为4种类型： ①________ ②________ ③________ ④________ 我的职业生涯发展路线图 行政管理路线 自主创业路线 专业技术路线 60岁 50岁 40岁 30岁 20岁 职业生涯开始的年龄
师生总结		

我的放大镜

知识点一：职业生涯发展目标的含义和构成

职业生涯发展目标是指个人在选定的职业领域内未来时间点上要达到的具体目标。职业生涯发展目标由短期目标、中期目标和长期目标构成。

知识点二：设定职业生涯发展目标的原则

（1）明确性。可明确描述个人在实现每一目标时需要完成的行动方案。

（2）测量性。目标应该是可以测量的，要有定量的数据，如数量、质量、时间等。

（3）相关性。目标要与个人的职业发展观和发展需求相联系。

（4）时限性。目标要在特定的时间内完成。

（5）集中性。目标不可设定太多，太多了就意味着没有重点，一般3～5条即可。

（6）合理性。目标必须是合理的，在个人可控制的范围之内并且经过一定努力可以实现的。

知识点三：设定职业生涯发展目标需要注意的问题

（1）目标要符合社会与组织的需要，有需要才有市场和位置。

（2）目标要适合自身的特点，并使其建立在自身的优势之上。

（3）目标要高远但不能好高骛远，一个人追求的目标越高，其才能就发展得越快。

（4）目标幅度不宜过宽，最好选择窄一点的领域，并将全部身心力量投入进去。

（5）注意长期目标与短期目标间的结合，长期目标指明了发展的方向，短期目标是实现长期目标的保证，两者结合更有利于职业生涯目标的实现。

（6）目标要明确具体，同一时期的目标不要太多，目标越简明、越具体，就越容易实现，越能促进个人的发展。

（7）注意职业目标与家庭目标和健康目标的协调与结合，家庭与健康是事业成功的基础和保障。

知识点四：职业生涯发展路线的选定

职业生涯发展路线指一个人选定职业后从什么方向实现自己的职业目标。一个人是向专业技术方向发展，还是向行政管理方向发展呢？发展方向不同，要求就不同。因此，在进行职业生涯规划时必须对此做出选择，以便安排今后的学习和工作，使其沿着职业生涯路线发展。

根据职业发展路线的性质可将其划分为4种类型：

（1）专业技术路线

走这种路线的个体把时间和精力更多地集中在发展自身的专业技能和提升业务水平上，通过职业资格考试和职称评定，成为技术人才。比如，技能专业的技术发展路线为初级技工、中级技工、高级技工、技师和高级技师。

（2）行政管理路线

走这种路线的个体把时间和精力更多地集中在发展自身的行政能力或管理能

力上。通过努力提升自己的行政职位，从而实现个人价值。比如，一名企业员工的行政管理路线可为职员、项目主管、部门主管、经理助理、经理、总裁等；一名销售业务员的行政管理路线为销售代表、销售经理、区域销售总监、职业经理人等。

（3）自主创业路线

这一发展路线的轨迹有：合作经营投资人、管理人、独立企业投资人、经理等。

（4）综合型发展路线

走这种路线的个体在职业发展中综合了技术和行政管理的能力，并谋求多方面的发展。

我的记事本

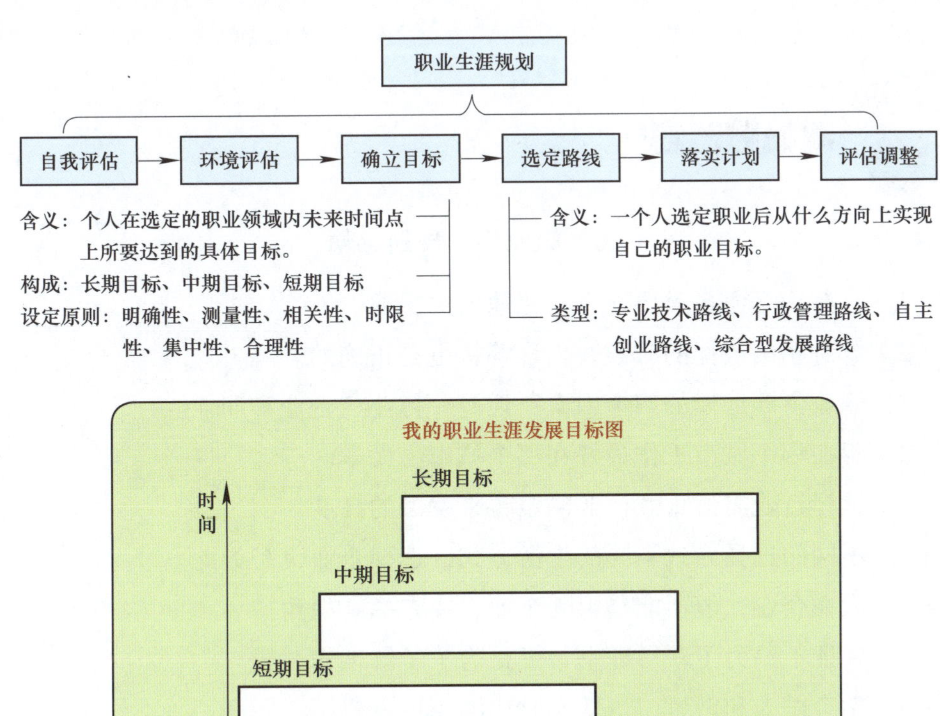

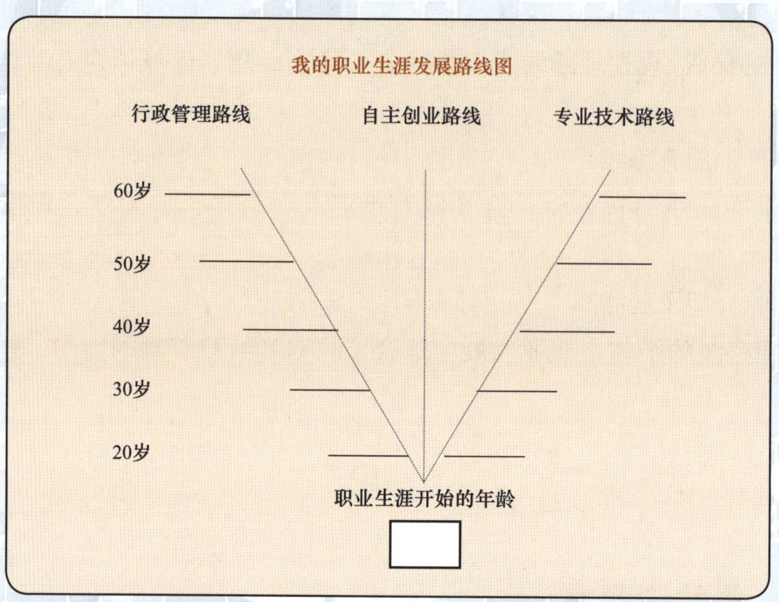

我的储蓄罐

10条职业生涯规划感悟

（1）选择比努力更重要，方向比速度更重要。

（2）没有明确选择的时候，也许等待也是正确的。

（3）职业生涯选择的四个因素：地域、行业、企业和职业。

（4）想在哪个城市工作最好在那个城市上大学。

（5）选择行业需慎重。行业决定将来发展的高度。

（6）不同的选择导致不同的生活方式，选择企业也是如此。

（7）人在企业，但不能局限于企业，要有更高视角。

（8）考证不只为了获得证书，更是为了了解工作逻辑。

（9）学会做人和做事，悟性有时比学历更重要。

（10）身体是革命的本钱。

分段实现大目标

1984年，在东京国际马拉松邀请赛中，名不见经传的日本选手山田本一出人意料地夺得了世界冠军。当记者问他凭什么取得如此惊人的成绩时，他说了这么一句话：用智慧战胜对手。

当时许多人都认为这个偶然跑到前面的矮个子选手是在故弄玄虚。马拉松比赛是体力和耐力的运动，只要身体素质好又有耐性就有望夺冠，爆发力和速度都在其次，说用智慧取胜确实有点勉强。

两年后，意大利国际马拉松邀请赛在意大利北部城市米兰举行，山田本一代表日本参加比赛。这一次，他又获得了世界冠军。记者又请他谈经验。山田本一性情木讷、不善言谈，回答的仍是上次那句话：用智慧战胜对手。这回记者在报纸上没再挖苦他，但对他所谓的智慧迷惑不解。

10年后，这个谜终于被解开了，山田本一在他的自传中写道："每次比赛之前，我都要乘车把比赛的线路仔细地看一遍，并把沿途比较醒目的标志画下来，比如，第一个标志是银行；第二个标志是一棵大树；第三个标志是一座红房子……这样一直画到赛程的终点。比赛开始后，我就以百米冲刺的速度奋力地向第一个目标冲去，等到达第一个目标后，我又以同样的速度向第二个目标冲去。40多公里的赛程，就被我分解成这么几个小目标轻松地跑完了。起初，我并不懂这样的道理，我把我的目标定在终点线的那面旗帜上，结果我跑到十几公里时就疲惫不堪了，我被前面那段遥远的路程给吓倒了。"

可见，山田本一的成功，主要得益于"目标分解法"。在现实生活中，做事之所以会半途而废，其原因往往不是目标难度过大，而是觉得成功离自己太远。所以，我们制定目标的时候，应该把自己的职业生涯的最终目标分解成一个个的阶段性的目标。这样的话，只要坚持实现一个个阶段性的目标，职业生涯的最终目标也一定能够实现。

你言我语

《任务完成评价表》

班级________ 组长________ 组员________

____年____月____日

今天，在课堂上 1. 我们新学了______________________________； 还未弄懂的地方是______________________________。
2. 我最感兴趣的地方是______________________________； 我表现最棒的地方是______________________________。
3. 在小组协作和讨论中，对小组贡献最大的同学是______________________________ ______________________________。
4. 老师和其他同学给我们的评语是______________________________； 我们今后需要改进的地方是______________________________。
5. 关于这部分内容，我们还有一些自己的想法，希望老师知道的是______________________________ ______________________________。

我思我想

人生不可能一帆风顺，你是否想过为自己的职业生涯发展准备一条后备路线呢？你的后备路线是怎样的？

____

____

____

职业电影推荐：《心灵捕手》

一个麻省理工学院的数学教授，在公布栏写下一道他觉得十分困难的题目，希望有杰出的学生能解开答案，可是无人能解。结果一个年轻的清洁工威尔在下课打扫时，发现了这道数学题并轻易地解开这个难题。

威尔聪明绝顶却叛逆不羁，甚至到处打架滋事，并被少年法庭送进少年看护所。数学教授有心提拔这个天才，要求他定期研究数学和接受心理辅导。数学难题难不倒他，但对心理辅导威尔却特别抗拒，直至遇到一位事业不太成功的心理辅导专家桑恩教授。在桑恩的努力下，两人由最初的对峙转化成互相启发的友谊，从而使威尔打开心扉，走出了孤独的阴影，实现了自我。

解决职业与家庭的冲突

如果你选定的职业生涯发展目标和发展路线与父母的意见发生了冲突，你将如何解决这个冲突？

项目三　踏实前行——制定措施与落实行动

一、任务布置　二、…　三、…　四、…　五、…　六、…

情景一

最起码要去买一张彩票吧

曾经有一个人给自己立了一个目标，就是在有生之年赚100万元，但是他一无技术，二不勤奋，只幻想通过向上帝祈祷中彩票来发财。于是，他每隔两天都要到教堂去祈祷，而且他的祈祷词几乎每次都是同样的："上帝啊，请念在我多年来敬畏你的份上，让我中一次彩票吧！"但是，每一次上帝都没有满足他的愿望，就在他濒临绝望的时候，上帝出现了，并对他说："我实在没办法帮你，最起码你要去买一张彩票吧！"

这个故事告诉我们一个什么道理？

情景二

落到实处，规划未来

小欣在某技工学校学习会计电算化专业，她的长期目标是成为高级会计师，短期目标是当一名小企业财务部的会计员。

为了实现自己的短期目标，她制定了两阶段的发展措施。第一阶段是在校学习阶段，认真学习专业知识，为就业打好基础。一年级考取计算机办公软件中级工证书、会计电算化证，业余时间多看一些专业书籍，增强对本专业的认识；二年级获取会计从业资格证，周六、日自学财经法规和财经职业道德；三年级争取机会走访企业和进行顶岗实习，了解企业对会计员的素质要求并以此为学习目标。第二阶段是毕业后就业初期，争取到小企业财务部当一名合格的会计员，为今后当上会计师铺路。处理业务时，向老会计师学习，提高处理实际账务的能力。平时工作中，正确处理与领导、同事的关系，争取得到领导的信任……

从小欣制定的发展措施中，你学习到了什么？

知识目标：针对个人职业发展的短期目标，制定具体的措施，落实行动计划。

务一

任务描述

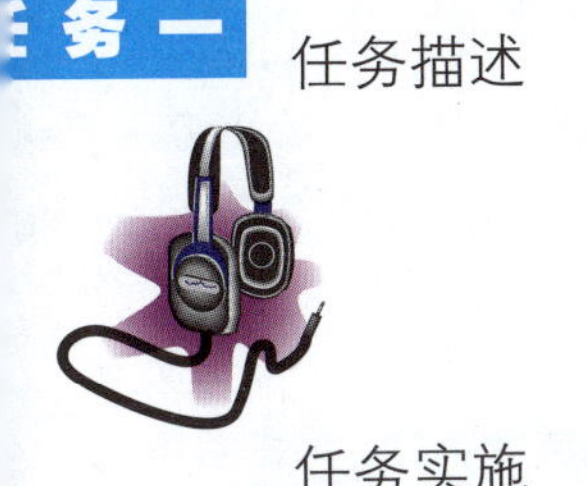

分析小欣成功的原因

阅读《落到实处，规划未来》案例，同学们可以发现，小欣的成功绝非偶然。她是怎样做到的呢？详细学习并分析她制定的措施，并从中得到一些启发。

任务实施

分析案例中小欣为实现短期目标所制定的措施，填写任务书Ⅰ。

任务书Ⅰ:《分析小欣成功的原因》

<table>
<tr><th>任务</th><th>任务要求</th><th colspan="4">任务实施</th></tr>
<tr><td rowspan="8">分析小欣成功的原因</td><td rowspan="8">分析案例中小欣为实现短期目标所制定的措施</td><td colspan="2">时间</td><td>任务</td><td>标准</td></tr>
<tr><td rowspan="4">在校期间</td><td>一年级</td><td></td><td></td></tr>
<tr><td>二年级</td><td></td><td></td></tr>
<tr><td>课余</td><td></td><td></td></tr>
<tr><td>周末</td><td></td><td></td></tr>
<tr><td rowspan="2">毕业后</td><td>处理业务时</td><td></td><td></td></tr>
<tr><td>平时工作中</td><td></td><td></td></tr>
<tr><td colspan="4">小欣制定的措施体现了什么特点？</td></tr>
<tr><td colspan="2">师生总结</td><td colspan="4"></td></tr>
</table>

任务二 任务描述

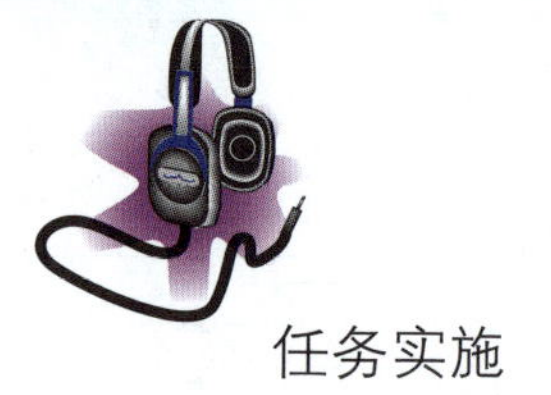

任务实施

制定职业生涯发展措施

在职业生涯规划中，措施的制定是实现目标的重要保证，要根据职业目标和自身实际情况制定出可行的措施。

围绕自己设定的短期目标，制定有利于实现目标的措施，用简洁的文字填写任务书Ⅱ。

任务书Ⅱ：《制定职业生涯发展措施》

<table>
<tr><th>任务</th><th>任务要求</th><th colspan="5">任务实施</th></tr>
<tr><td rowspan="8">制定职业生涯发展措施</td><td rowspan="8">围绕自己设定的短期目标，评估自己的优劣势，并制定有利于实现目标的措施</td><td colspan="5">我的短期职业目标：</td></tr>
<tr><td>短期目标
发展方向</td><td>目标的要求</td><td>我的优势</td><td>我的劣势</td><td>发展措施</td></tr>
<tr><td>职业兴趣</td><td></td><td></td><td></td><td></td></tr>
<tr><td>专业知识</td><td></td><td></td><td></td><td></td></tr>
<tr><td>专业技能/职业资格</td><td></td><td></td><td></td><td></td></tr>
<tr><td>职业道德</td><td></td><td></td><td></td><td></td></tr>
<tr><td>社会能力</td><td></td><td></td><td></td><td></td></tr>
<tr><td>其他能力</td><td></td><td></td><td></td><td></td></tr>
<tr><td colspan="2">师生总结</td><td colspan="5"></td></tr>
</table>

务三　任务描述

落实发展措施的行动计划

制定好实现短期目标的发展措施后，必须落实发展措施的行动计划，确定行动计划三大要素：时间、任务和标准。即要考虑为了实现既定发展措施，应该去完成什么任务，何时完成，达到什么标准才算完成等。

例如，为了加深对孔子的了解，小叶采取的措施是阅读孔子相关的书籍，并制订了相应的行动计划。

任务：读《论语心得》，写出3000字介绍孔子的文章；

时间：今年寒假；

标准：熟悉书中人物关系，背诵熟记孔子的名言。

任务实施

同学们也来具体落实发展措施的行动计划吧！

根据任务二制定的各项措施，落实发展措施的行动计划，填写任务书Ⅲ。

任务书Ⅲ：《落实发展措施的行动计划》

任务	任务要求	任务实施				
		发展措施	行动计划			
			任务	开始时间	完成时间	完成标准
落实发展措施的行动计划	根据任务二制定的各项措施，落实具体、可行、针对性强的行动计划					

我的放大镜

知识点一：制定职业生涯发展措施的重要性

要实现目标，必须有实实在在的具体发展措施。发展措施即针对实际情况为实现目标而采取的处理办法。目标变成现实，需要为之付出实实在在的努力。如果没有行动，目标也只能停留在空想阶段。职业生涯规划发展措施应当切实、明确，有可行性，并在行动中落实，否则，职业生涯规划只能是一纸空文。

知识点二：制定职业生涯发展措施的要领和思路

1. 制定职业生涯发展措施的要领

职业生涯发展措施具有具体性、可行性和针对性的特点。“具体性”，即职业生涯发展措施的内容要实在，清晰明确；“可行性”，即职业生涯发展措施的内容要符合自身条件和外部环境，有可操作性；“针对性”，即职业生涯发展措施不但直接指向目标，而且指向个人与目标的差距。人的精力是有限的，针对性强的职业生涯发展措施才能提高实现目标的效益和效率。

2. 制定职业生涯发展措施的思路

（1）明确“近细远粗”的思路

短期目标的发展措施，是马上就要执行的措施，宜具有可操作性、有指标、易量化的特点。中期目标及长期目标的发展措施，会根据个人和环境等各项因素的变化而进行改变和调整，宜“模糊”一些。

（2）针对“三个方面”的思路

职业院校学生职业生涯规划的发展措施，要针对三个方面：一是为短期目标的实现服务；二是为中期目标的发展做铺垫；三是为长期目标的实现打基础。

（3）找准“弥补差距”的思路

发展目标对从业者的具体要求与从业者自身条件之间存在差距，主要表现在现有知识、技能水平与职业资格标准之间的差距，现有学历与岗位要求之间的差距，个人职业素养与职业要求之间的差距等。弥补差距应当成为职业生涯发展措施制定的主要依据。

知识点三：落实行动计划的三个要素

落实行动计划的三个要素是时间、任务和标准。

我的记事本

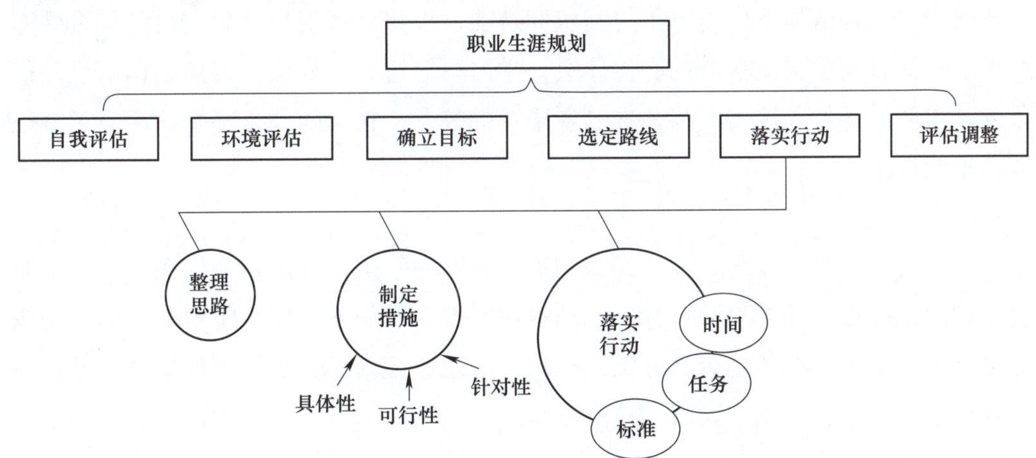

在校期间的主要任务

不同的学习阶段有不同的特点，同学们可根据不同学习阶段的特点设定主要任务，制订相应的计划，采取有效的措施。

（1）试探期

这一阶段，为了尽快进入学习和校园生活角色，可采取如下措施：①认真阅读学生手册，了解相关规定。②主动了解自己的专业性质和特点，以及将来就业的优劣势，根据自身的实际和特点，对未来职业生涯进行规划和构想。③要初步了解职业，特别是自己未来期望从事的职业或自己所学专业对口的职业。具体活动可包括多和师哥师姐们进行交流，尤其是即将毕业的同学和已经毕业的校友，询问就业情况。④认真学习职业素养基础课，为学习专业课做好准备。⑤多参与学校组织的课外活动，提高人际交往的能力。

（2）积累期

这一阶段，为了加强锻炼，努力学习专业知识，提升专业技能，提高自身的综合素质，可采取如下措施：①参加学生会或社团等组织，锻炼自己的各种能力。②尝试兼职和社会实践活动，利用课余时间长期从事与自己未来职业或本专业有关的工作，增强自己的责任感、主动性和受挫能力。③开始考取专业相关等级证书。

（3）冲刺期

这一阶段，为了了解知识与技能的实际应用规则，了解真实的职业世界，挖掘职业潜能，可采取如下措施：①提高求职技能、搜集公司信息并确定自己是否要继续求学。②和同学交流求职的心得体会，学习写简历、求职信，搜集工作信息并积极尝试求职。③加入校友网络，和已经毕业的校友、在校的师哥师姐谈话，了解往年的求职情况。

（4）分化期

这一阶段，为了发现并弥补知识和能力方面的不足，掌握就业信息，学习求职要领和面试技巧，锁定求职目标及成功就业，可采取如下措施：①检验已确立的职业目标是否明确，准备是否充分，调整自己的职业规划。②积极参加招聘活动，在实践中校验自己的积累。③预习或模拟面试。

你言我语

《任务完成评价表》

班级________　组长________　组员________

____年____月____日

今天，在课堂上
1. 我们新学了________________________； 还未弄懂的地方是________________________。
2. 我最感兴趣的地方是________________________； 我表现最棒的地方是________________________。
3. 在小组协作和讨论中，对小组贡献最大的同学是________________________ ________________________。
4. 老师和其他同学给我们的评语是________________________； 我们今后需要改进的地方是________________________。
5. 关于这部分内容，我们还有一些自己的想法，希望老师知道的是________________________ ________________________。

我思我想

在《西游记》中，“西天取经”团队有四个经典的人物形象：唐僧、孙悟空、猪悟能、沙悟净，试分析他们四人在“西天取经”的职业历程中各自的目标、担任的角色、性格特点、能力水平等。若你是一名职业生涯规划导师，你将如何根据他们的特点，安排适合他们的职业岗位？

____

____

职业电影推荐：《美丽心灵》

《美丽心灵》是一部极富人性的剧情片。故事主人公的原型是数学家小约翰·福布斯·纳什。英俊而又十分古怪的纳什早年就做出了惊人的数学发现，享有国际声誉。但纳什却受到精神分裂症的困扰，使他向学术最高层次进军的辉煌历程发生了巨大改变。面对这个曾经击毁了许多人的疾病，纳什在妻子艾丽西亚的协助下，战胜恐惧，顽强抗争。经过了几十年的艰难努力，他终于在1994年获得诺贝尔奖。

行动备忘录

把制订的个人职业生涯发展行动计划写在卡纸上，制作成“行动备忘录”，贴在书桌上，鞭策和监督自己。

行动备忘录

□ ________________	□ ________________
□ ________________	□ ________________
□ ________________	□ ________________
□ ________________	□ ________________
□ ________________	□ ________________

职业蓝图

专题三

调整职业规划

有一位哲学家曾说过：“命运的变化犹如月之圆缺，但这对智者来说不会有妨害。”

在职业生涯中，你也会遇上诸多可测和不可测的变化，学会适时调整自己的职业生涯规划才是良策。

不要让变化阻碍脚步，不要让往事成为遗憾，在职业生涯中当一名智者。

情景一

被遗留的钥匙

有一对兄弟，他们出去爬山然后一起回家。十分疲惫、身背重包的他们接到一个坏消息：大楼停电了，不得不爬楼梯上位于80楼的家。于是两兄弟一起往上爬。

到了20楼的时候，哥哥告诉弟弟：背包太重了，把它放在20楼，我们爬上去，明天再下来拿。

弟弟说：好。

于是，他们就把背包放在了20楼，继续往上爬。

到了40楼，弟弟开始抱怨，于是就跟哥哥吵起来了。

他们边吵边爬，爬到了60楼，哥哥对弟弟说：只剩20层楼了，我们不要吵了，默默地爬完它吧！

于是他们就各走各的，终于到了家门口。

哥哥摆出了很帅的姿势说：弟弟开门。

弟弟却对哥哥说：别闹了，钥匙在你那儿。

结果，他们把钥匙留在20楼的背包里了。

这个故事其实在反映我们的人生，很多人在20岁以前是活在家人的期望和老师的期许之下，背负着很多的压力。在20岁之后离开了众人的压力，怀着满腔的热血，开始有了很多想要完成的梦想。可是工作了20年后，发觉工作并不如意……于是就开始抱怨，就在抱怨中又度过了20年。于是告诉自己，60岁了没什么好抱怨的了，就默默地走完自己剩下的岁月吧！到了80岁，才想起自己好像有什么事还没完成……

原来，20岁的梦想还没有完成，留下许多遗憾。

在变幻无常的职业生涯里，我们该如何调整自己前进的步伐，更好、更顺利地走好每段路呢？

情景二

迅速调整，收获成功

小张，某大专物流专业的毕业生，在校期间先后担任班级团支书、校团委组织部部长，热衷于学生工作和社会服务，培养了较强的组织能力和团队合作能力，是得力的学生干部。但她的学科成绩并不优秀，尤其是文化课基础薄弱，同时她也不太愿意从事物流行业。经过权衡，她决定考本科，报读人力资源管理专业，期望通过本科学习，培养更好的组织管理能力，向事业单位进军。为此她制订复习应考计划，并认真落实。可是，在当年的成人高考中，小张考场发挥失常，未能顺利考上本科。面对失败的事实，她并没有哀叹和后悔，而是迅速调整规划，恢复状态，全身心投入到紧张的求职中，把握接下来的求职机会。最终，她成功被一家文化传播公司录取。

考试落榜后，小张并没有陷入考场失意的关键是什么？

知识目标： 树立调整职业生涯规划的意识，制定个人职业生涯规划调整方案。

任务一 任务描述

旅游的意外

某年冬天，你利用5天假期和朋友们一起出游，很糟糕的是航班因恶劣天气迫降在一个森林中，救援队预计两天后赶到，幸运的是飞机上的人全部平安无事。原定的旅游计划泡汤了，你必须做出调整，这时你会怎样考虑呢？调整旅游计划的同时，思考一下这对调整职业生涯规划有何启发？

任务实施

依照任务书Ⅰ的提示，开展小组讨论，对旅游计划做出调整，并进行知识迁移，思考调整职业生涯规划的方法与步骤。

任务书Ⅰ：《旅游的意外》

任务	任务要求	任务实施
调整旅游计划	根据情境提示，充分考虑各方面因素，对你的旅游计划做出调整，并与全班同学分享	Step1：量己力——我能做什么？ ______ Step2：衡外情——有什么可以做？ ______ Step3：定目标——是坚持原来的目标，还是修正原目标？ ______ ______ Step4：选策略——我将要怎么做？ ______ ______
知识迁移	把从调整旅游计划的任务中悟出的知识要点迁移到职业生涯规划上来，说出调整职业生涯规划的方法和步骤	调整职业生涯规划的方法与步骤 ↓ 量己力—— ↓ 衡外情—— ↓ 定目标—— ↓ 选策略—— ↓ 付诸实践 实现目标

任务二 任务描述

调整职业规划的思考

有想法更要有办法，掌握了调整职业规划的方法和步骤后，就要落实调整职业规划，这也是一个完整的职业生涯规划中不可缺少的环节。请同学们认真思考自己的职业生涯规划调整的时机。

任务实施

依照任务要求，开展小组讨论，对职业规划的调整时机进行认真思考，完成任务书Ⅱ。

任务书Ⅱ：《调整职业规划的思考》

任务	任务要求	任务实施
调整职业规划的思考	深思熟虑，认真填写	◆你打算多长时间对自己的职业生涯规划做一次评估调整？ □ 半年　□ 一年　□ 三年 □ 其他情况：________ ◆ 出现什么情况你会重新选择职业？ □ 就职单位倒闭　□ 难以再晋升　□ 与人生目标出现分歧 □ 其他情况：________ ◆ 什么情况下你会调整职业发展方向？ □ 已不适应客观现状　□ 已不是我所追求的　□ 遇到更好的机遇 □ 其他情况：________ ◆ 什么情况下你会调整行动策略？ □ 实施多时未能达到既定目标　□ 已不适应客观现状 □ 找到更好的策略 □ 其他情况：________

我的放大镜

知识点一：势在必行——调整职业生涯规划的必要性

1. 应对外部条件变化的需要

职业生涯发展目标的实现，需要外部条件的保证。然而有些外部条件的变化，从业者个人往往难以掌控。在外部条件变化导致职业生涯发展目标难以实现时，必须及时调整短期目标和发展措施，甚至调整长期目标。职业院校学生职业生涯发展外部条件的变化，可能是就业市场需求的变化和由学校到企业环境的转换。

2. 适应自身素质变化的需要

处于成长期的青年学生，在校学习期间会在品德、行为习惯、知识、技能、阅历、价值观、性格、身体条件等很多方面发生明显变化，这些变化可能导致短期目标甚至长期目标的修正与发展措施的调整。

知识点二：机不可失——调整职业生涯规划的时机

1. 判别调整的时机

职业生涯规划调整的最佳时期：毕业前夕；工作后3～5年。

调整内容：短期目标的调整，或长期目标的调整，或职业生涯发展路线的调整。

毕业前夕的调整：一是制订职业规划时，对实际情况了解不够；二是随着时间的推移，环境和自身都发生了较大的变化；三是学生还没完成从“学校人”到“职业人”的角色转换。

工作后3～5年的调整：一是初入社会，很难迅速找到适合自己的职业；二是适应自己的职业需要在实践中检验，调整在校时设计的缺乏实践检验的职业生涯规划；三是根据已有的从业经历，对社会、人生有了切身体会和认识，对职业生涯发展有了新的追求。

2. 把握最佳调整时机

职业生涯规划的最佳调整时机是职业生涯的前五年，在这五年里要完成以下任务：

在职业实践中，如果顺利适应职业，完成角色转换，在行业内站稳脚跟并开始晋升，就应坚持原定的发展方向，进一步完善原有的发展措施。

在职业实践中，如果原定职业生涯规划与实际不符，就应重新评估自身条件，重新评估环境条件，修正目标，甚至调换发展方向。

知识点三：想方设法——调整职业生涯规划的方法

1. 重新评估自身条件

回答：我能做什么？能做好什么？

没有实践经验的学生：先分析发展条件，后确定发展目标。

有求职或从业实践的学生：先确定发展目标，再重新评估当前自身条件。

2. 重新评估环境条件

回答：什么可以做？

对求职或从业环境进行再分析，评估自己职业生涯的机遇和挑战。

环境条件分析包括所从事职业在当前与未来社会中的地位、社会因素对自身发展的影响、自己所在企业的内外部环境、个人的人际关系等。

3. 修正目标

回答：我为什么做？

修正目标包括职业方向的重新选择、职业生涯路线的选择和阶段目标的修正。

4. 变更措施计划

回答：我要怎么做？

变更措施计划包括措施和计划的变更与实施。

5. 设定评估频率

回答：每隔多长时间进行一次评估调整？

一般情况下，一年做一次微小调整。根据年度计划的完成情况，积极修正和核查阶段目标和策略。

在特殊情况下，如职位变更或者职业变更时期，职业生涯规划需要随时评估并进行相应调整。

我的记事本

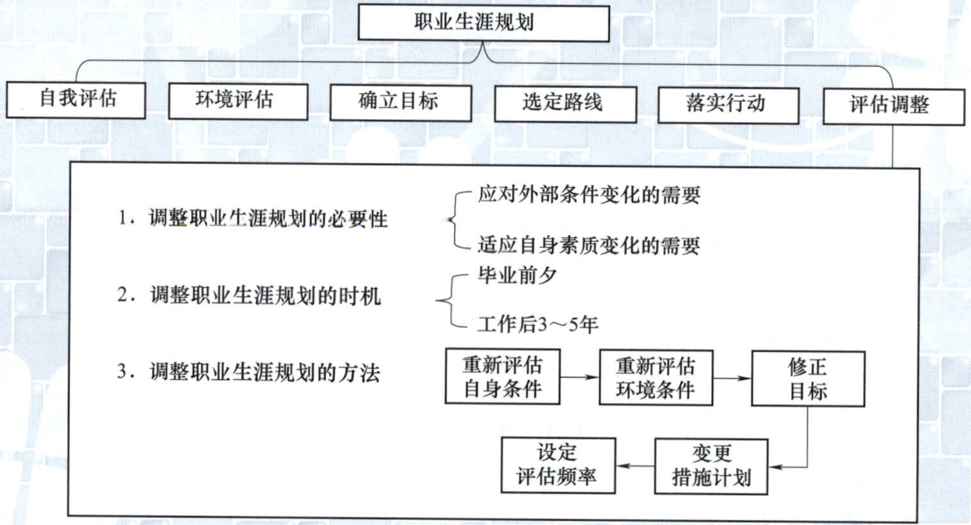

我的储蓄罐

哈佛社会科学研究院斯密斯·金教授的《职业生涯中的人生规划》讲座发言稿（节选）

女士们，先生们：

上午好！

很高兴来到这里，来到这个充满灵气的人间智慧殿堂，和大家探讨一个现实的话题。还记得我在剑桥大学讲过“大学生的人生规划和职业生涯”，同学们反映挺强烈，今天，我们还是就这个话题谈下去吧：

首先，我们探讨一下如何描绘自己的人生蓝图。你对生命的期望是什么？你对自己有多高的期望值？我们一定得依照各个目标对你的重要性，将它们依序排列好好思考，做出坚定的抉择，以此作为你的人生蓝图。

如果你小时家境不佳，学习意愿也得不到满足，参加工作后又时常受挫，你就会痛下决心要成功。那就是——我必须学会成功。有人以为学习一技之长就能成功，其实技术只是一小部分——当然是必要的一部分。成功是百分之九十的自我训练和自我意象，以及百分之十的工作技巧。

1. 设定好目标

如果自我训练不够，再聪明也没用；再好的机会，没有大方的仪态，也不会属于你；如自我意象是垂头丧气，再好的训练也无法让你成功。

如果你能两者并重，成功终有降临之日。那时你会左右逢源，一帆风顺，一切问题迎刃而解，经历使你改变一生的事物。如果你持有这种态度，就开启了成功的第一扇门。

设定好目标，决定好方向；如果你已准备好要成功，就会达到目标。你会计划如何达到它；学习应有的技术，你会得到一切该具备的能力。

我们大多数会为旅游做计划，却难得有人为漫漫人生花心思计划。我们总是临渴掘井、亡羊补牢，从不未雨绸缪，等到休职免官，才穷于应变。

从现在起，每月写下你的生命计划。或视需要每天温习这些计划，让成功的印象更鲜明。至少每年修订一次，以适应你的水准提升和兴趣的转移。

此刻就动就动手写吧！万事开头难，不妨从最容易达到的目标开始。写下你五年之后，会是什么身份地位，然后逐日修改并增添细节。

2. 生命计划不能中断修订和温习

生命计划千万别中断——特别是退休之后，仍然需要定期修订。如果你并非从事你所爱的事业，就在计划中列出一段时间，让自己做一些喜欢做的事。

只有生命计划会使你生活得更有目标，更有使命感，而且更能把握每一刻无价的光阴。要达到目标很容易，困难在于设定实际的目标，而且它能一直持续活跃于你的生活中。

许多人第一步成功之后，因忙碌而无法再充实进步，提高他们的能力和水准。

为你初步目标下明确的定义，在下一步骤加上详细的描述，当目标全部设定完成，每天早上复习一次，加以想象。

不具激发性的目标，永远无法达成。也就是说，不具激发性的目标，不足以为理想。随时修正自己的目标，让它跟紧最新的念头。

有许多目标你可以达成，有些则只能完成一部分，还有些无法达到，因为它和其他目标相冲突。果真如此，放弃无益的目标，千万别犹豫。

困难的目标，激发你的能力，随时保持这种高昂的斗志。当光明开始明灭不定时，检视和提高你设定的目标——不具激发性的目标，比没价值的目标更糟。

为目标下定义，不断修正，相信它会实现——成果就这样出现了。任何人都能完成他们所想的，你也是一样。但第一步，你必须知道这伟大的成就是什么；下一步就是设计许多能令你保持高昂情绪的小目标，让它们逐步引导你迈向成功。

3. 按部就班地计划每一天

了解每天计划的选择、实行和优先顺序，对你大有助益。确信自己的努力没有白费，而且要求事半功倍。谨慎而自觉地决定事情先后，一般人从不这样做。他们只是任性而为，随波逐流。他们是基于恐惧、气愤的报复——而非为了活得更好而努力。

了解自己的需要和如何得到自己所想的，明了这些事情的轻重缓急，你可以按部就班地计划自己的一天。

理论上每天晚上安排计划，第二天实行。实际上，你随时都可能修订你的计划表，让你知道先做哪一项。

作为一名成功的寻觅者，你对“生命的期望是什么”要了然于胸。你必须依照各个目标对你的重要性，将它们依序排列。好好思考、坚定抉择，以此作为你的人生蓝图。

除了闲谈时我们会偶尔提起自己真的想做什么之外，平常我们总是谈到义务、开心的事和责任。如果从此刻起，改变这种谈话习惯，正面思维能帮我们扭转乾坤，修正谈话和思考内容，可以向成功迈进一大步。

你言我语

《任务完成评价表》

班级________ 组长________ 组员________

___年___月___日

今天，在课堂上 1. 我们新学了________________________； 还未弄懂的地方是________________________。
2. 我最感兴趣的地方是________________________； 我表现最棒的地方是________________________。
3. 在小组协作和讨论中，对小组贡献最大的同学是________________________ ________________________。
4. 老师和其他同学给我们的评语是________________________； 我们今后需要改进的地方是________________________。
5. 关于这部分内容，我们还有一些自己的想法，希望老师知道的是________________________ ________________________。

我思我想

著名文学家雨果先生说过：“进步，意味着目标不断前移，阶段不断更新，它的视野总是不断变化的。”结合所学的知识，谈谈你对这句话的看法。

____

____

____

职业电影推荐：《面对巨人》

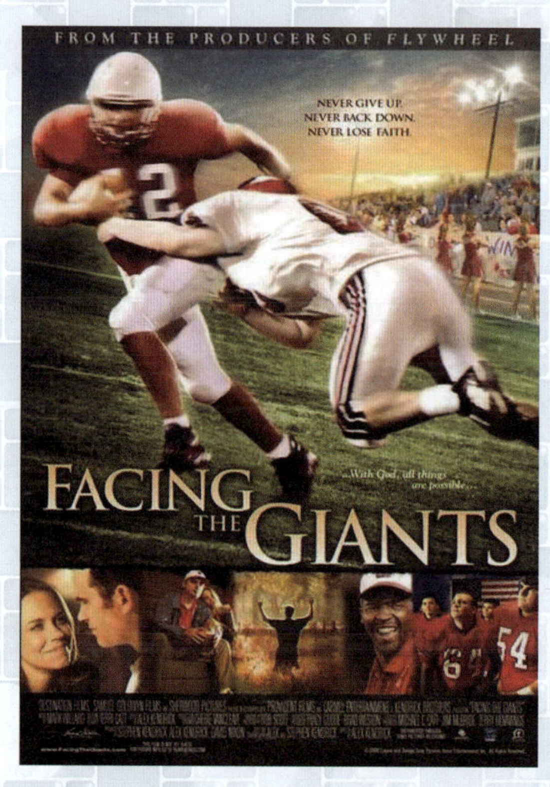

在泰勒的六年教练生涯中，他从未在赛季中获胜，当球队中最优秀的队员达伦决定转学后，他们连在新赛季中获胜的希望都随之而去了。赛季一开始便输了三场比赛之后，泰勒发现那些雇主们决定解雇他，随之而来的一系列压力令他完全失去了希望。他将如何重拾勇气与信心，用信仰击败恐惧呢？

长辈的职业规划调整

和一位经历丰富的长辈聊聊，了解他在职业生涯中经历过的重大转折，记录他进行职业规划调整的过程。

如果你改变不了过去，请改变你的现在！
如果你改变不了事实，请改变你的态度！
如果你改变不了别人，请改变你自己！
命运在自己手中，路就在你的脚下，
一步一脚印，规划精彩人生！

实训工场

撰写职业生涯规划书

职业生涯规划书提纲

以下是一篇完整的职业生涯规划书的提纲，请运用相关知识，结合自身实际情况，撰写一份职业生涯规划书。

第一部分　自我认识

1. 职业兴趣（我喜欢从事什么工作）
2. 职业能力（我能干什么工作，优势是什么，劣势是什么）
3. 职业价值观（找工作时我最看重什么）
4. 性格（我适合干什么工作）

第二部分　环境分析

1. 家庭环境分析（如经济状况、家人期望及其对本人的影响等）
2. 企业环境分析（如单位类型、企业文化、行业地位、产品服务及员工素质等）
3. 行业环境分析（如行业现状、发展趋势等）
4. 社会环境分析（如就业形势、就业压力、就业有利条件、就业制度和方针等）

第三部分　职业目标和发展路线

1. 职业目标（短期目标、中期目标、长期目标）
2. 发展路线（走什么路线，具体路径如何）

第四部分　发展措施与行动计划

1. 发展措施（针对现状制定措施）
2. 行动计划（落实时间、任务和完成标准）

第五部分　评估调整

1. 评估自身条件
2. 评估环境条件
3. 目标修正
4. 变更措施计划
5. 设定评估频率

________的_____年职业生涯规划书

后　记

通过撰写职业生涯规划书，我的收获：

职业生涯规划评价表

自我评价	
小组评价	
教师评价	

如果你改变不了过去，

请改变你的现在！

如果你改变不了事实，

请改变你的态度！

如果你改变不了别人，

请改变你自己！

命运在自己手中，

路就在你的脚下，

一步一脚印，

规划精彩人生！

附　录

霍兰德职业兴趣测试

指导语：

人的个性与职业有着密切的关系，不同职业对从业者人格特征的要求是有差距的，如果通过科学的测试可以预知自己的个性特征，将有助于选择适合于个人发展的职业。《职业兴趣测量表》（见附表1），可以帮助自己进行个性自评，从而获得自己的个性特征，并选择适合从事的职业。

请根据对每一题目的第一印象作答，不必仔细推敲，答案没有好坏、对错之分。具体填写方法是，根据自己的情况，如果选择“是”，请打“√”，如果选择“否”，请打“×”。

附表1　职业兴趣测量表

题目	答案
1. 我喜欢把一件事情做完后再做另一件事。	（　）
2. 在工作中我喜欢独自筹划，不愿受别人干涉。	（　）
3. 在集体讨论中，我往往保持沉默。	（　）
4. 我喜欢做戏剧、音乐、歌舞、新闻采访等方面的工作。	（　）
5. 每次写信我都一蹴而就，不再重复。	（　）
6. 我经常不停地思考某一问题，直到想出正确的答案。	（　）
7. 对别人借我的和我借别人的东西，我都能记得很清楚。	（　）
8. 我喜欢抽象思维的工作，不喜欢动手的工作。	（　）
9. 我喜欢成为人们注意的焦点。	（　）
10. 我喜欢不时地夸耀一下自己取得的好成就。	（　）
11. 我曾经渴望参加探险活动。	（　）
12. 当我独处时，会感到更愉快。	（　）
13. 我喜欢在做事情前，对此事情做出细致的安排。	（　）
14. 我讨厌修理自行车、电器一类的工作。	（　）
15. 我喜欢参加各种各样的聚会。	（　）

（续）

题目	答案
16. 我愿意从事虽然工资少，但是比较稳定的职业。	（　）
17. 音乐能使我陶醉。	（　）
18. 我办事很少思前想后。	（　）
19. 我处理事务时，经常请示上级。	（　）
20. 我喜欢需要运用智力的游戏。	（　）
21. 我很难做那种需要持续集中注意力的工作。	（　）
22. 我喜欢亲自动手制作一些东西，从中得到乐趣。	（　）
23. 我的动手能力很差。	（　）
24. 和不熟悉的人交谈对我来说毫不困难。	（　）
25. 和别人谈判时，我总是很容易放弃自己的观点。	（　）
26. 我很容易结识同性朋友。	（　）
27. 对于社会问题，我通常持中庸的态度。	（　）
28. 当我开始做一件事情后，即使碰到再多的困难，我也要执着地干下去。	（　）
29. 我是一个沉静而不易动感情的人。	（　）
30. 当我工作时，我喜欢避免干扰。	（　）
31. 我的理想是当一名科学家。	（　）
32. 与言情小说相比，我更喜欢推理小说。	（　）
33. 有些人太霸道，有时明明知道他们是对的，也要和他们对着干。	（　）
34. 我爱幻想。	（　）
35. 我总是主动地向别人提出自己的建议。	（　）
36. 我喜欢使用钳子、螺丝刀一类的工具。	（　）
37. 我乐于解除别人的痛苦。	（　）
38. 我更喜欢有赌注的比赛或游戏。	（　）
39. 我喜欢按部就班地完成要做的工作。	（　）
40. 我希望能经常换不同的工作来做。	（　）
41. 我总留有充裕的时间去赴约会。	（　）
42. 我喜欢阅读自然科学方面的书籍和杂志。	（　）
43. 如果掌握一门手艺并能以此为生，我会感到非常满意。	（　）
44. 我渴望当一名汽车司机。	（　）
45. 听别人谈“家中被盗”一类的事，很难引起我的同情。	（　）
46. 如果待遇相同，我宁愿当商品推销员，而不愿当图书管理员。	（　）
47. 我讨厌跟各类机械打交道。	（　）

（续）

题目	答案
48. 我小时候经常把玩具拆开，把里面看个究竟。	（　）
49. 当接受新任务后，我喜欢以自己的独特方法去完成它。	（　）
50. 我有文艺方面的天赋。	（　）
51. 我喜欢把一切安排得整整齐齐、井井有条。	（　）
52. 我喜欢做一名教师。	（　）
53. 和一群人在一起的时候，我总想不出恰当的话来说。	（　）
54. 看情感影片时，我常禁不住眼圈红润。	（　）
55. 我讨厌学数学。	（　）
56. 在实验室里独自做实验会令我感到无聊。	（　）
57. 对于急躁、爱发脾气的人，我仍能以礼相待。	（　）
58. 遇到难解答的问题时，我常常放弃。	（　）
59. 大家公认我是一名勤劳踏实、愿为大家服务的人。	（　）
60. 我喜欢在人事部门工作。	（　）

职业人格类型的得分统计规则：题号符合以下答案的记1分，不符合以下答案的记0分，并将得分结果绘制在任务书Ⅱ《找到潜在的职业兴趣点》中。

（1）现实型（R）：是（2，13，22，36，43），否（14，23，44，47，48）；得分________。

（2）研究型（I）：是（6，8，20，30，31，42），否（21，55，56，58）；得分________。

（3）艺术型（A）：是（4，9，10，17，33，34，49，50，54），否（32）；得分________。

（4）社会型（S）：是（26，37，52，59），否（1，12，15，27，45，53）；得分________。

（5）企业型（E）：是（11，24，28，35，38，46，60），否（3，16，25）；得分________。

（6）传统型（C）：是（7，19，29，39，41，51，57），否（5，18，40）；得分________。

请将得分最高的三种职业人格类型从高到低排列，得出一个（或两个）三位组合的测试结果，再对照《人格类型与职业环境的匹配表》（见附表2）得出职业人格类型所匹配的职业。

附表2　人格类型与职业环境的匹配表

人格类型	人格倾向	典型职业
现实型（R）	具有顺从、坦率、谦虚、自然、坚毅、实际、有礼、害羞、稳健、节俭等特征，表现为： 1. 喜爱实用性的职业或情境，以从事所喜好的活动，避免社会性的职业或情境； 2. 用具体实际的能力解决工作及其他方面的问题，较缺乏人际关系方面的能力； 3. 重视具体的事物，如金钱、权力、地位等	工人、农民、土木工程师
研究型（I）	具有分析、谨慎、批评、好奇、独立、聪明、内向、条理、谦逊、精确、保守等特征，表现为： 1. 喜爱研究性的职业或情境，避免企业性的职业或情境； 2. 用研究的能力解决工作及其他方面的问题，即自觉、好学、自信，重视科学，但缺乏领导方面的才能	科研人员、数学或生物方面的专家
艺术型（A）	具有复杂、想象、冲动、独立、直觉、无秩序、情绪化、理想化、不顺从、有创意、富有表情、不重实际等特征，表现为： 1. 喜爱艺术性的职业或情境，避免传统性的职业或情境； 2. 富有表达能力和直觉、独立、创意、不顺从（包括表演、写作、语言）等特征，并重视审美的领域	诗人、艺术家
社会型（S）	具有合作、友善、慷慨、助人、仁慈、负责、圆滑、善社交、善解人意、说服他人、理想主义等特征，表现为： 1. 喜爱社会型的职业或情境，避免实用性的职业或情境，并以社交方面的能力解决工作及其他方面的问题，但缺乏机械能力与科学能力； 2. 喜欢帮助别人、了解别人，有教导别人的能力，且重视社会与伦理的活动与问题	教师、牧师、辅导人员
企业型（E）	具有冒险、野心、独断、冲动、乐观、自信、追求享受、精力充沛、善于社交、获取知名度等特征，表现为： 1. 喜欢企业性质的职业或情境，避免研究性质的职业或情境，会以企业方面的能力解决工作或其他方面的问题； 2. 有冲动、自信，善社交，知名度高，有领导与语言能力，缺乏科学能力，但重视政治与经济上的成就	推销员、政治家、企业家
传统型（C）	具有顺从、谨慎、保守、自控、服从、规律、坚毅、实际、稳重、高效但缺乏想象力等特征，表现为： 1. 喜欢传统性质的职业或情境，避免艺术性质的职业或情境，会以传统的能力解决工作或其他方面的问题； 2. 喜欢顺从、规律，有文书与数字能力，并重视商业与经济上的成就	出纳、会计、秘书

参考文献

[1] 许本洲，负佳．就业与创业指导[M]．北京：电子工业出版社，2015.

[2] 蒋乃平．职业生涯规划[M]．3版．北京：高等教育出版社，2018.

[3] 杜爱玲，蒋乃平．职业生涯设计学习指导[M]．北京：高等教育出版社，2007.

[4] 周骏林，黎嘉莉．我的职业成长手册[M]．北京：机械工业出版社，2011.

[5] 陈德明，祁金利．大学生生涯规划与管理[M]．北京：高等教育出版社，2008.

[6] 陈建．职业生涯规划[M]．北京：北京理工大学出版社，2011.

[7] 周文霞．职业生涯管理[M]．上海：复旦大学出版社，2019.

[8] 刘红．个人职业生涯规划与管理[M]．上海：上海财经大学出版社，2009.